한 장에 원칙을 담았습니다.
실무에 자신감을 더하세요.

끊임없는 노력으로
성장하시길 응원하겠습니다.

이무하

한 장으로 끝내는
공문서 작성법

실무에 바로 쓰는 공문서 작성의 모든 것

한 장으로 끝내는
공문서 작성법

이무하 지음

비전코리아

머리말

　공무원이 되어 8급 때 본청에 전입하면서 의아했던 것은 공문서 작성법을 정확하게 알려주는 사람이 아무도 없다는 사실이었습니다. "이건 이렇게 작성해야 한다"라고 명확하게 알려주는 사람이 있으면 좋겠다고 생각하곤 했습니다. 실제로 경력이 오래되었거나 업무 역량이 뛰어난 분들도 공문서 작성 규정을 정확히 모른 채 그저 관행대로 작성하고 있는 실정입니다.

　공문서 작성법 관련 내용은 「행정업무의 운영 및 혁신에 관한 규정」, 행정안전부의 "행정업무운영 편람"과 지방자치인재개발원의 "행정업무운영실무" 그리고 국립국어원의 "한눈에 알아보는 공공언어 바로 쓰기" 등에서 제시하고 있습니다.

　실무자 입장에서는 여기저기 흩어져 있는 책자들 속에서 알고 싶은 내용을 바로 찾아내기란 쉽지 않습니다. 그래서 2013년부터 공문서 작성과 관련된 자료가 발간될 때마다 검토하여 꼭 필요한 내용만 요약하기 시작했습니다. 책자에 없는 내용은 행정안전부와 국립국어원, 법제처에 질의하여 답을 얻었습니다. 2020년에 34쪽짜리 요약본을 국립국어원에 감수를 요청하였고, 그해 8월 '공문서 작성의 정석'이라는 이름으로 네이버에 대국민 공개를 하였습니다.

이렇게 다년간 정리하다 보니 공문서 작성의 일정한 흐름과 정확한 표현 방법을 찾을 수 있었습니다. 2023년 5월에는 이러한 내용을 바탕으로《무조건 통과하는 공문서 작성법》종이책을 출간하여, 1년 10개월 만에 초판 8쇄, 누적 1만 6,000부를 발행하게 되었습니다.

첫 책을 출간한 지 2년이 지난 시점에 '내가 알고 싶은 내용만 가장 쉽고 빠르게 찾아볼 수 있는 책을 만들 수는 없을까?' 하는 고민을 하게 되었습니다.《한 장으로 끝내는 공문서 작성법》을 출간하게 된 이유입니다.

머리말

　이 책의 구성은 다음과 같습니다.

　첫째, 실무자가 공문을 작성하는 순서와 같은 일반기안문의 구성(두문, 본문, 결문)에 따라 기술하였습니다.

　둘째, '한 장으로 정리한 공문서 작성의 실제'(14~15쪽)에 실무에서 가장 많이 쓰고 헷갈리는 표현은 숫자를 부여해서 책의 길라잡이로 제시하였습니다.

　셋째, 길라잡이 '한 장으로 정리한 공문서 작성의 실제'에서 알고 싶은 내용의 숫자를 본문에서 찾아서 펼쳐보면, 관련 내용과 작성 팁(TIP), 가장 많이 하는 질문과 답변까지 모두 한 번에 해결할 수 있습니다.

　이 책에서는 공문서를 작성할 때 가장 많이 쓰고 반드시 알아야 하는 핵심적인 내용을 중심으로 다루었습니다. 그리고 우리나라 대학교와 공공기관, 시도교육청, 지자체 등 100개 이상의 기관을 대상으로 특강을 진행하면서 실무자들이 공통적으로 가장 궁금해하는 질문과 답변을 함께 정리했습니다.

이제 공문서 작성법은 이 한 권으로 끝낼 수 있습니다. 더 이상의 공문서 작성법 책은 없습니다. 여러분은 이 책에서 제시한 내용을 그대로 따라서 작성하시면 됩니다.

우리나라 공문서의 표준화를 기대합니다.

이무하

머리말 ··· 4

길라잡이 <한 장으로 정리한 공문서 작성의 실제> ··· 14

 알아두기

공공언어와 공문서 ··· 18
올바른 공문서를 작성해야 하는 이유 ··· 20
공문서의 정의 ··· 22
공문서 작성의 원칙 ··· 24
공문서 작성 시 적용하는 규정의 우선순위 ··· 26
일반기안문과 간이기안문 ··· 28
가독성과 일관성 ··· 32
공문서는 1건 1장 주의 ··· 34
공문서에 정해진 글꼴이 있나요? ··· 35
국립국어원 표준국어대사전 활용 방법 ··· 36
"[개정] 한눈에 알아보는 공공언어 바로 쓰기" 활용법 ··· 41

 1부 두문

1. '행정기관명' 표시 ··· 47
2. '수신' 표시 ··· 49
   TIP 내부결재 문서와 대내외 문서의 비교
3. '경유'를 작성하는 방법 ··· 52

2부 본문

4. 제목을 작성하는 방법 ··· 61
- 질문 인사 발령 통보?
- 질문 제목에 [긴급], [제출], [알림] 등의 용어를 표시해야 하나요?
- TIP '계획'과 '계획(안)'의 차이

5. '2025년'을 '2025.'으로 작성할 수 있나요? ··· 66
- 질문 '2025년도', '2025년', '2025' 차이가 있나요?
- TIP 연도를 줄여서 표기할 때
- TIP '년도'와 '연도'의 구분

6. '기본선'과 '한계선'을 꼭 기억하세요! ··· 72

7. 첫째 항목 기호 '1.'의 위치 잡기 ··· 75
- TIP 모든 공문서에는 공통점이 있다?
- TIP 항목 기호와 특수 기호

8. 둘째 항목 기호 '가.'의 위치 잡기 ··· 80

9. 문장이 두 줄 이상일 때 정렬하는 방법 ··· 81
- TIP 문장이 두 줄 이상일 때 정렬 시 주의 사항
- 질문 2타 띄우기와 Shift+Tab 정렬을 맞춰야 하나요?

10. 항목 기호와 항목 내용 사이 띄어쓰기 ··· 88
- 질문 한 글자(2타)는 1칸입니까?

11. '2.'가 없는데 항목 기호 '1.'을 쓸 수 있나요? ··· 90
- 질문 항목이 하나만 있는 경우 특수 기호(-)를 쓰나요?

12. '귀 기관의 무궁한 발전을 기원합니다' 꼭 써야 하나요? ··· 94
- TIP '귀사, 귀교, 귀댁' <암기하기!>

13. 가독성 있게 한 줄 띄어쓰기 ··· 97

14. 관련 근거를 작성하는 방법 ··· 100
- 질문 관련 근거에 '호'를 붙이나요?
- 질문 시행 번호의 날짜 표기는 '2023.02.01.'로 되어 있는데요?
- 질문 관련 근거가 두 줄 이상인 경우 정렬하는 방법은?
- 질문 같은 부서에서 공문이 2개 왔을 때 작성 방법은?

> **질문** 관련 근거가 여러 개일 때 배열하는 순서는?
> **질문** '~호 관련입니다'는 올바른 표기인가요?
> **질문** '관련'과 '귀 기관의 무궁한 발전을 기원합니다' 작성 순서는?

15. 법령명의 표기 방법 ··· 109

16. 법령명과 조항 사이 띄어쓰기 ··· 111
> **질문** '관련'에서 법령의 조항을 표기할 때 띄어쓰기

17. 법령문에서 '조, 항, 호, 목' 번호의 띄어쓰기 ··· 112
> **TIP** 법령의 '조항호목'을 읽는 방법

18. 문서등록번호 작성 방법 ··· 115

19. 날짜를 가장 쉽고 정확하게 작성하는 방법 ··· 117
> **TIP** 날짜를 2개 이상 나열할 때

20. 공문 제목은 큰따옴표, 작은따옴표? ··· 123

21. '위 호 관련'으로 쓸 수 있나요? ··· 125
> **질문** '관련'과 '위 호와 관련하여'에서 '관련'은 중복된 표기인가요?

22. 우리 기관은/우리 기관에서는 ··· 129
> **TIP** '우리나라, 우리말, 우리글' <암기하기!>

23. '부분'과 '부문' 구분하기 ··· 130

24. '하고 있는'을 뜻하는 '~중'의 띄어쓰기 ··· 131

25. '~로 인하여' 번역 투와 사동 표현 삼가기 ··· 132
> **질문** 규칙을 개정할 때 '개정함에 있어'는 어떻게 바꿔 써야 하나요?

26. '아래와 같이' 다음에 '-아래-'를 표기하나요? ··· 136

27. '실시하다'를 '하다'로 순화해서 써야 하나요? ··· 138

28. '하오니/하니', '위하여/위해', '하여야/해야' ··· 141

29. 중요한 부분을 강조하는 방법은? ··· 142

30. '아울러' 다음에 쉼표를 찍나요? ··· 143
> **질문** '아울러'가 일본식 표기인가요?

31. 문장에서 한 글자만 다음 줄로 나눠지는 경우는? ··· 146

32. '부서∨간'과 '이틀간' 띄어쓰기 ··· 147

33. 적극 협조해 주시기 바랍니다 ··· 149
　　　TIP 만전을 기하여 주시기 바랍니다
　　　질문 '홈페이지에 탑재하다'는 올바른 표현인가요?

34. 명사로 끝나는 문장에 마침표를 찍나요? ··· 153
　　　TIP 권위적인 표현 '통보', '~엄수', '~할 것'

35. 정렬할 때 쌍점(:)에 맞추나요? ··· 156

36. 쌍점(:)의 올바른 띄어쓰기 ··· 158

37. 시간을 표기하는 방법 ··· 159
　　　질문 특정한 시점을 말할 때 현재 시간, 현재 시각?
　　　TIP 날짜와 요일, 시간을 함께 표기할 때
　　　질문 2일간 같은 시간대를 운영한다는 표현은?

38. 물결표(~)와 붙임표(-)의 띄어쓰기 ··· 161

39. '구', '전', '현' 등은 어떻게 표기하나요? ··· 164

40. '2025. 7. 1.자' 띄어쓰기가 맞나요? ··· 165

41. 물결표(~)로 단위를 생략해서 표기할 때 ··· 167

42. 붙임 참조, 참고? ··· 168

43. '사업명'과 '신청∨건' 띄어쓰기 ··· 170

44. '접수 방법'이 맞나요, '제출 방법'이 맞나요? ··· 171

45. '개선방안', '기대효과', '행정사항'의 띄어쓰기는? ··· 172
　　　TIP 전문용어 띄어쓰기의 원칙과 허용

46. 참석 대상에서 이름의 띄어쓰기 ··· 177
　　　TIP 비밀 유지에 사용하는 숨김표(○○, ××)의 사용 방법
　　　질문 열거하는 단어가 2개 이상일 때만 '등'을 사용하나요?

47. 공문에서 금액을 표기하는 방법 ··· 181
　　　질문 금111,110원은 어떻게 표기하나요?

질문 '산출 내역'에서 '내역'은 어떻게 바꿔 쓰나요?
질문 내부결재에서 '예산 과목'을 표기할 때 쓰는 문장부호는?

48. 곱하기(×)와 등호(=)의 띄어쓰기는? … 188

49. 표를 작성하는 2가지 방법 … 189
질문 표의 양쪽 테두리 선은 없어야 하나요?
질문 표 안의 글꼴과 크기는 특별한 규정이 있나요?
TIP 표 오른쪽 위에 단위를 표기하는 방법
질문 표에서 '이하 빈칸'은 어떤 경우에 사용하나요?
질문 '이하 빈칸'을 '아래 빈칸'으로 순화해서 작성해야 하나요?

50. 변경 사항을 작성할 때 '당초', '변경'을 사용하나요? … 197

51. '기한' 뒤에 '까지'를 사용하면 중복된 표기인가요? … 199

52. 참고표(※)로 시작하는 문장에서 참고표(※)의 위치는? … 201

53. '온라인상의'에서 '~상의'란 표현은 띄어 쓰나요? … 202

54. 기한∨내 제출해 주시기 바랍니다 … 203
질문 의견 조회 공문에서 본문이 참고표(※) 문장으로 끝난 경우 '끝' 표시는?

55. '미제출∨시' 띄어쓰기 … 205
TIP 유사시, 비상시, 평상시, 필요시 <암기하기!>

56. '해당 사항 없음'을 제출합니다 … 207

57. '개인정보보호' 관련 안내 문구의 위치는? … 209

58. '붙임'과 '1부'를 표기하는 방법 … 211
질문 '붙임'이 올바르게 표기된 것은?
질문 '1부'가 '1장'을 의미하나요?
질문 붙임으로 한글 문서 10개를 압축(ZIP) 파일로 첨부했을 때 '1부'인가요, '10부'인가요?

59. '별도 송부'를 올바르게 표기하는 방법 … 216

60. 첨부 파일의 이름을 붙임에 그대로 표기하나요? … 218
질문 붙임 파일명이 길어서 두 줄 이상이 되었을 때

61. 표나 문장으로 끝났을 때 '끝' 표시 … 221
질문 표를 그리다가 중간에 끝났을 경우 '끝' 표시는?
질문 이름으로 끝났을 때 '끝' 표시는?

주의해야 할 띄어쓰기 ··· 224

구분해서 작성해야 할 표현들 ··· 229

그 밖의 표현들 ··· 236

3부 결문

62. 발신명의 ··· 245
- TIP 보조기관, 보좌기관, 합의제행정기관?
- 질문 직속기관, 사업소, 출장소, 구청, 읍, 면, 동의 문서 발신명의는?
- 질문 '관인 생략'으로 발송하는 경우는?

결재/전결/대결 ··· 251

검토/협조 ··· 255
- 질문 협조를 받는 절차가 정해져 있나요?
- 질문 결문은 본문 다음에 바로 이어지나요?

부록 1 공문서 바로 쓰기 첨삭 사례 30 ··· 259

부록 2 가장 많이 사용하는 공문서 대표 서식 20 ··· 364

참고 사이트 ··· 387

길라잡이 <한 장으로 정리한 공문서 작성의 실제>

행정기관명

수신 수신자 참조
(경유)
제목 2025년 ○○ 연수 신청 안내

1. 귀 기관의 무궁한 발전을 기원합니다.

2. 관련
  가. ∨교육원 등의 연수에 관한 규정∨제2조제5항
  나. ∨○○과-1234(2025. ∨5. ∨10.)∨ "○○ 연수 계획"

3. 위∨호와∨관련하여∨우리∨기관에서는 공무부문에서 연수 공간의 재구조화를 추진 중에 있습니다. 코로나19로…… ○○ 연수를 다음과 같이 비대면 강의로 실시하오니 신청자 명단을 2025. 6. 27.(금)까지 제출해 주시기 바랍니다. 아울러, 참석을 희망하는 대상자가 연수에 참석할 수 있도록 소속 기관에서는 부서 간 명단 제출에 적극적으로 협조해 주시기 바랍니다.

  가. 일시: ∨2025. ∨7. ∨10.(목)∨09:00~13:00
  나. 장소: ∨○○인재개발원(구∨○○관리연수원)∨대강당
  다. 대상: ∨2025. ∨7. ∨1. ∨자∨8~9급∨업무∨담당자∨※∨[붙임∨1]∨참고
  라. 과정명∨공문서 작성의 실제∨외 4개

끝.

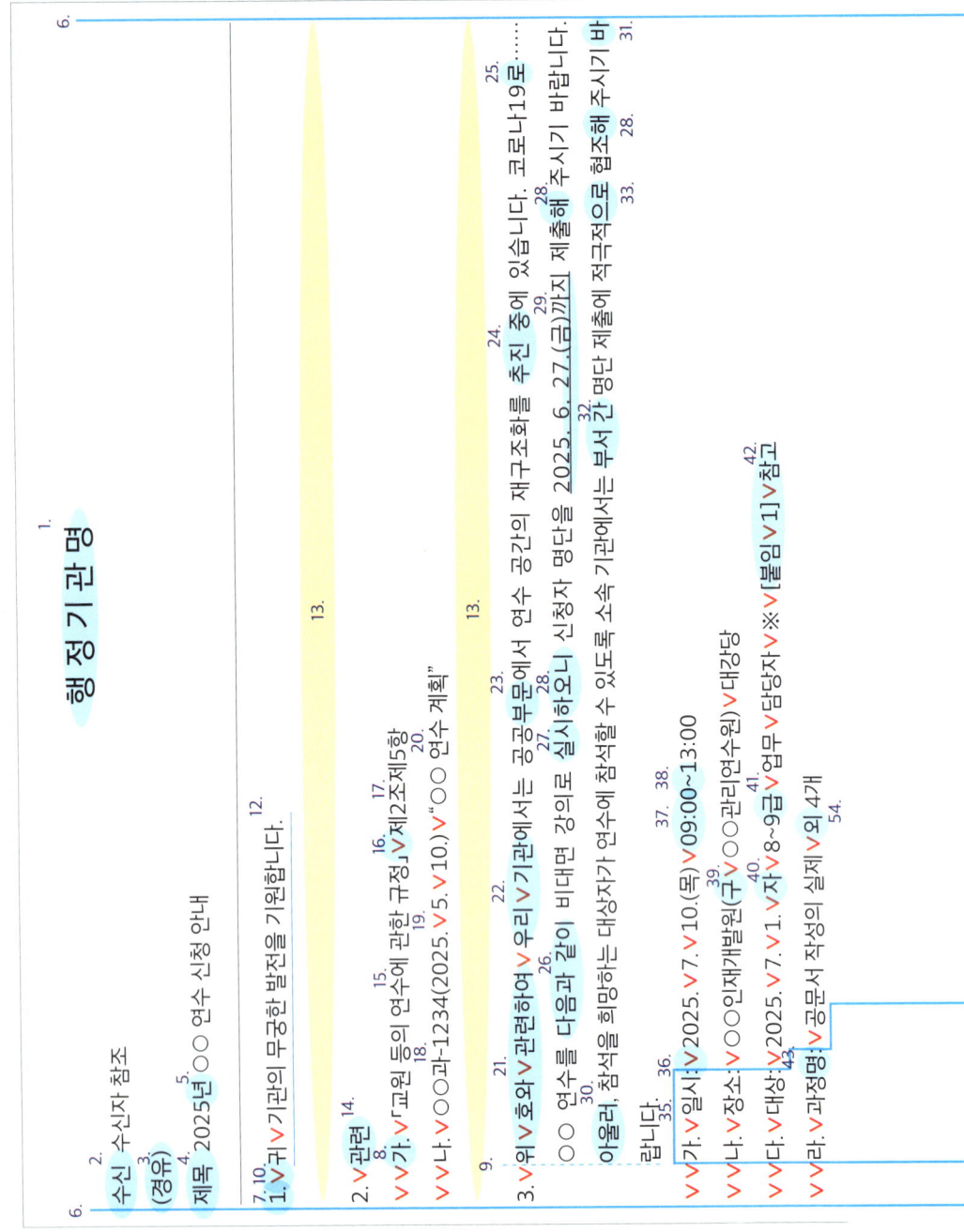

마.∨강사∨명단: 홍길동, 이철수, 선우진, 남궁석, 이정

바.∨교육비:∨금150,000원(금일십오만원) ※∨30,000원×5과정

사.∨제출∨방법

구분	신청∨기한	제출∨부서
기존	2025.∨6.∨13.(금)까지	○○과
변경	2025.∨6.∨27.(금)까지	△△과

※ 신청서 서식은 ○○인재개발원 온라인상에서 내려받기할 수 있으며, 기한∨내∨미제출∨시∨'해당∨사항∨없음'으로∨처리합니다.

아.∨행정∨사항

∨∨∨최종 참석자 명단은 2025. 7. 1.(화)까지 안내할 예정입니다.

이 공문에는 개인정보가 포함되어 있으므로 개인정보보호에 유의하시기 바랍니다.

붙임∨∨1.∨○○○○∨대상자∨명단∨1부(별도∨송부).
     2.∨○○연수∨계획∨1부.
     3.∨신청∨서식∨1부.∨∨끝.

발신 명의

수신자 ○○대학교총장, ○○교육감(○○과장), ○○연구원장, ○○센터장, ○○학교장

공공언어와 공문서

　공공언어란 좁은 의미로는 공공기관에서 국민을 대상으로 공공의 목적을 위해 사용하는 언어이며, 넓은 의미로는 국민을 대상으로 사용하는 모든 언어를 말합니다.

영역	요소	항목
정확성	표기의 정확성	① 한글맞춤법 및 표준어규정을 준수하였는가?
		② 띄어쓰기를 잘하였는가?
		③ 외래어 및 로마자 표기법을 준수하였는가?
	표현의 적합성	④ 문장 성분을 적합하게 제시하였는가?
		⑤ 어휘를 적합하게 제시하였는가?
		⑥ 문장을 적합하게 표현하였는가?
적절성	공공성	⑦ 공공언어로서 품격을 갖추었는가?
		⑧ 고압적·권위적 표현을 삼갔는가?
		⑨ 차별적 표현(성, 지역, 인종, 장애)을 삼갔는가?
	정보성	⑩ 정보를 적절한 형식으로 제시하였는가?
		⑪ 정보의 양을 적절하게 제시하였는가?
		⑫ 정보의 배열이 적절하게 이루어졌는가?
	용이성	⑬ 문장을 적절한 길이로 작성하였는가?
		⑭ 쉽고 친숙한 용어와 어조로 사용하였는가?
		⑮ 시각적 편의를 고려하여 작성하였는가?

올바른 공문서를 작성해야 하는 이유

국립국어원의 "쉬운 공공언어 쓰기 길잡이"에서는 "공문을 기안할 때에는 누구나 이해할 수 있는 쉬운 언어를 사용해야 한다. 잘못된 표기나 문맥에 맞지 않는 어휘가 있는 공문은 신뢰하기 어렵다"라고 되어 있습니다.

행정안전부의 "행정업무운영 편람"에서는 우리가 올바른 공문서를 작성해야 하는 이유를 다음 3가지로 제시하고 있습니다.

첫째, 정확한 의사소통입니다. 한번은 어떤 분이 본청에서 학교로 공문을 발송하였습니다. 10분이 지나자 학교에서 전화가 오기 시작했습니다. "이 공문은 도대체 무엇을 작성하라는 것인지 모르겠습니다." 이렇게 시작된 전화가 시간이 갈수록 점점

많아졌습니다. 주변 동료들이 전화를 당겨 받다가 결국 그분에게 조금 더 이해하기 쉽게 다시 공문을 보내달라고 요청했습니다. 누구나 알기 쉽게 공문을 작성했더라면 처음부터 이런 상황이 발생하지는 않았을 것입니다.

둘째, 문서에도 품격이 있습니다. 부서에서 문서관리 대장을 검색하다가 우연히 어떤 분의 공문을 열어보게 되었습니다. 제목부터 붙임까지 잘못된 표현을 단 하나도 찾을 수 없었습니다. '어쩜 이렇게 공문을 완벽하게 작성할 수 있을까?' 한편으로는 궁금하고 한편으로는 조금 얄미웠습니다. 좀 과장하자면 문서에서 빛이 나는 것 같았습니다.

셋째, 기관의 대외적인 권위와 신뢰도에 영향을 미칩니다. A기관에서 B기관으로 공문을 보낼 때 B기관 입장에서는 A기관에서 발송한 공문이 A기관을 대표하게 됩니다. 따라서 공문의 표현과 내용은 기관의 이미지와 대외 인식에 직결될 수 있습니다.

공문서의 정의

공문서는 행정기관에서 공무상 작성하거나 시행하는 문서(도면, 사진, 디스크, 테이프, 필름, 슬라이드, 전자문서 등 특수매체기록 포함)와 행정기관이 접수한 모든 문서를 말합니다.

사문서는 개인적인 목적을 위하여 작성한 문서를 말합니다. 그러나 각종 신청서, 증명서, 진정서 등과 같이 행정기관에 제출하여 접수된 것은 사문서가 아닌 공문서로 취급되며, 그 문서를 제출한 사람도 접수된 문서를 임의로 회수할 수 없습니다.

공문서의 정의는 「행정업무의 운영 및 혁신에 관한 규정」과 「국어기본법」에서 찾아볼 수 있습니다.

2개 규정에서 다른 점은 「국어기본법」의 경우 공문서의 정의를 공무상 제작한 '현수막'과 '안내판'까지 포함하고 있다는 것입니다.

여러분이 작성한 공문서 중 일부는 정보공개포털(open.go.kr)에서 대국민 공개가 되고 있습니다. 저와 같은 공무원도 다른 기관의 공문서를 찾아보기 힘든데 일반 국민이 대국민 공개된 공문서를 찾아보기란 쉽지 않을 것입니다.

하지만 「국어기본법」에서 말하는 '현수막'과 '안내판'은 누구나 쉽게 접할 수 있습니다. 따라서 우리는 일반 국민들이 가장 쉽게 접근할 수 있는 '현수막'과 '안내판'까지 공문서를 다루듯이 정확하게 표기해야 합니다.

「행정업무의 운영 및 혁신에 관한 규정」 제3조(정의)

1. "공문서"란 행정기관에서 공무상 작성하거나 시행하는 문서(도면·사진·디스크·테이프·필름·슬라이드·전자문서 등의 특수매체기록을 포함한다. 이하 같다)와 행정기관이 접수한 모든 문서를 말한다.

「국어기본법」 제3조(정의)

5. "공문서등"이란 국가기관, 지방자치단체, 「공공기관의 운영에 관한 법률」에 따른 공공기관, 그 밖의 법률에 따라 설립된 특수법인(이하 "공공기관등"이라 한다)이 공무상 작성하거나 시행하는 문서(도면·사진·디스크·테이프·필름·슬라이드·전자문서·**현수막**·**안내판** 등의 특수매체기록을 포함한다. 이하 같다)를 말한다.

공문서 작성의 원칙

「국어기본법」에서 모든 공문은 한글로 작성해야 한다고 되어 있습니다. 단, 뜻을 정확하게 전달하거나, 낯선 전문 용어 및 신조어의 경우에는 한자나 외국 글자를 함께 쓸 수 있습니다. "행정업무운영 편람"에서는 외국 문자를 표기해야 할 경우 '정보기술(IT)', '업무 협정(MOU)'처럼 괄호 안에 병기하라고 안내하고 있습니다.

문서 작성의 방법

첫째, 모든 문서는 전자적으로 처리해야 합니다.

둘째, 「국어기본법」의 어문규범을 준수해야 합니다.

셋째, 국민이 이해하기 쉬운 용어를 사용해야 합니다.

「국어기본법」 제14조(공문서등의 작성·평가)

① 공공기관등은 공문서등을 일반 국민이 알기 쉬운 용어와 문장으로 써야 하며, 어문규범에 맞추어 **한글로 작성**하여야 한다. 다만, 대통령령으로 정하는 경우에는 괄호 안에 한자 또는 다른 외국 글자를 쓸 수 있다.

「국어기본법 시행령」 제11조(공문서등의 작성과 한글 사용)

법 제14조제1항 단서에 따라 공문서등을 작성할 때 괄호 안에 한자나 외국 글자를 쓸 수 있는 경우는 다음 각 호와 같다.
1. 뜻을 정확하게 전달하기 위하여 필요한 경우
2. 어렵거나 낯선 전문어 또는 신조어(新造語)를 사용하는 경우

공문서 작성 시 적용하는 규정의 우선순위

국립국어원

공문서 작성법 적용 순위

1. 행정안전부 "행정업무운영 편람"
2. 「국어기본법」 '어문규범'
3. 소속 기관의 관습(관행)

공문서를 작성할 때 적용하는 규정에도 우선순위가 있습니다. 국립국어원은 가장 먼저 행정안전부의 "행정업무운영 편람"을 적용하고, 여기에 우리가 찾는 내용이 없다면 「국어기본법」의 어문규범에 따라 작성하도록 안내하고 있습니다. 이때 어문규범이란 한글맞춤법, 표준어규정 등 지금까지 배워왔던 국어를 말합니다. 이상의 2개 규정에도 관련 내용이 없다면 소속된 기관의 관습 또는 관행에 따라 작성하면 된다고 안내하고 있습니다.

행정안전부

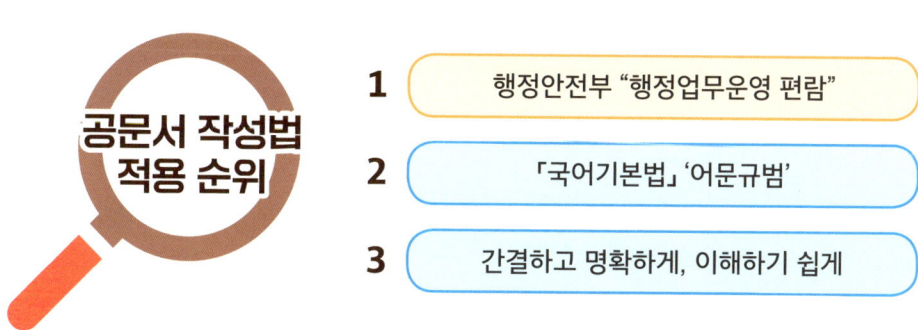

행정안전부의 첫 번째, 두 번째 적용 순위는 국립국어원과 같지만, 첫 번째와 두 번째에 관련 내용이 없을 때 「행정업무의 운영 및 혁신에 관한 규정」 제7조(문서 작성의 방법)에 따라 '간결하고 명확하게', '이해하기 쉽게' 작성하라고 안내하고 있습니다.

「행정업무의 운영 및 혁신에 관한 규정」 제7조(문서 작성의 방법)

② 문서의 내용은 **간결하고 명확하게** 표현하고 일반화되지 않은 약어와 전문용어 등의 사용을 피하여 **이해하기 쉽게** 작성하여야 한다.

일반기안문과 간이기안문

공문서는 '일반기안문'과 '간이기안문'으로 구분할 수 있습니다.

다음 서식은 일반적으로 공문서라고 부르는 기본 양식이며 공식 명칭은 '일반기안문'입니다.

일반기안문

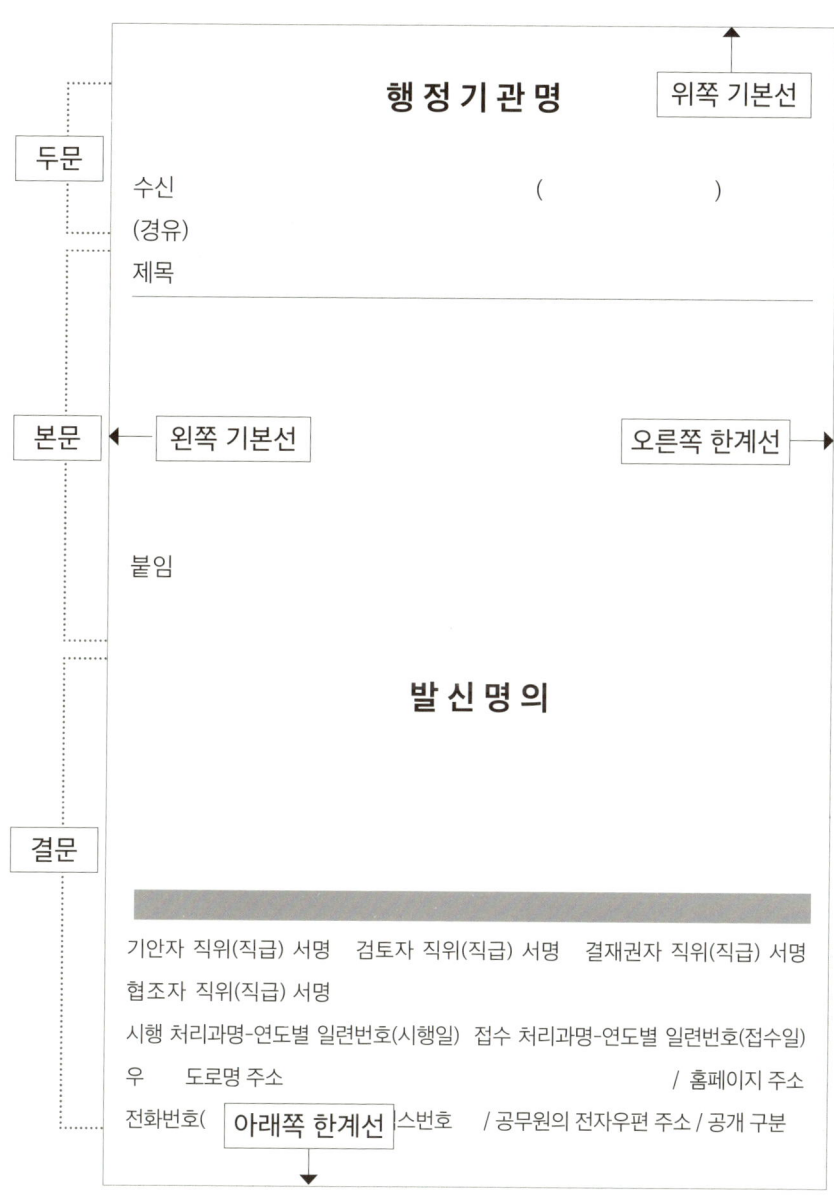

일반기안문의 구성

일반적으로 사용하는 기안문·시행문은 두문·본문·결문으로 구성되어 있습니다.

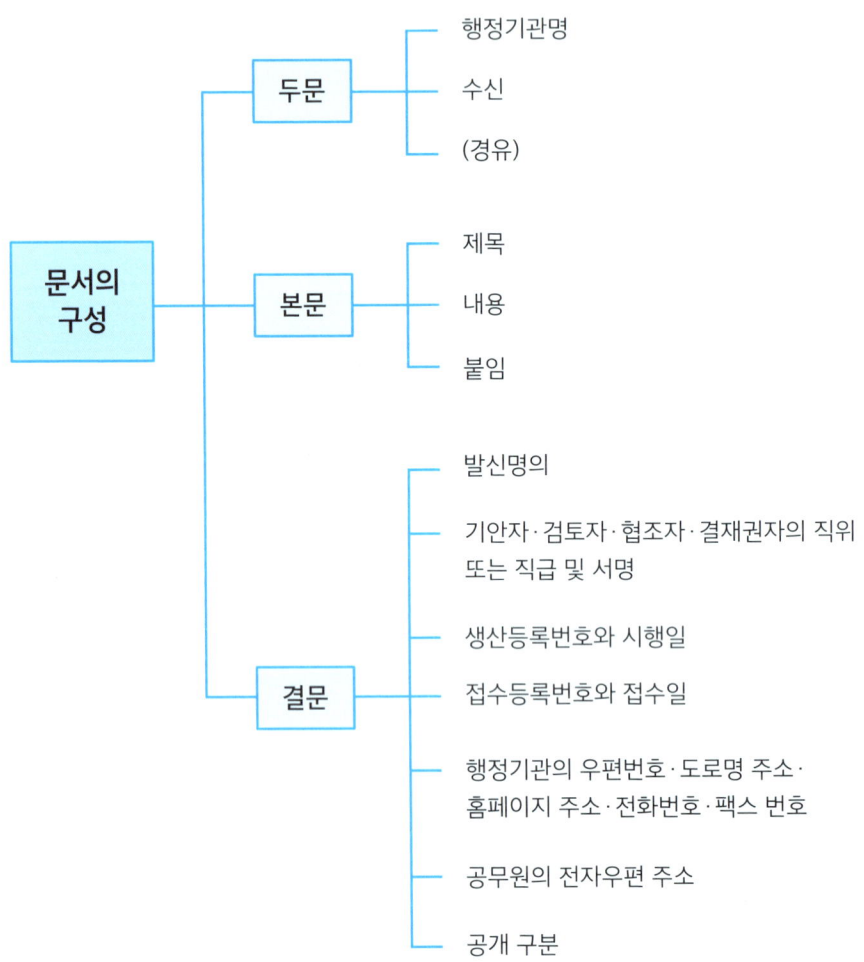

간이기안문

아래 서식은 보고서 양식으로 '간이기안문'이라고 부릅니다. 간이기안문은 왼쪽 상단에 문서 등록 표시, 오른쪽 상단에 결재란을 표시하고, 그 아래에 제목·작성일·작성 기관을 표기합니다. 요약 설명문이 필요한 경우에는 제목과 작성일 사이에 적습니다.

생산등록번호	
등 록 일	
결 재 일	
공 개 구 분	

협조자			

(제목)

※ 필요한 경우 보고 근거 및 보고 내용을
  요약하여 적을 수 있음

○○○○부(처·청 또는 위원회 등)   ○○○○부(처·청 또는 위원회 등)
        ○○○○국   또는   ○○○○과

가독성과 일관성

공문서 작성법은 모든 개별 사항들을 규정으로 정할 수는 없습니다. 규정에 있다면 당연히 규정에 따라 작성하면 됩니다. 아무리 찾아봐도 규정에 없다면 다음 2가지 사항을 고려해서 공문서를 작성하면 됩니다.

바로 '가독성'과 '일관성'입니다. 여기서 '가독성'이란 내가 작성한 문서가 얼마나 쉽게 읽히는가를, '일관성'은 본문을 시작할 때 어떤 표기를 했다면 본문이 끝날 때까지 같은 표기 방식으로 작성하라는 것을 의미합니다.

물론 '가독성'과 '일관성'이 공문서 작성법 규정보다 우선할 수는 없습니다. 규정에 없을 때 2가지를 고려하기 바랍니다.

공문서는 1건 1장 주의

공문은 '1장'으로 작성합니다. 내용을 한눈에 파악할 수 있도록 핵심적인 내용 중심으로 작성하고, 자세한 내용은 붙임으로 처리합니다.

요소	내용
정확성 (바른 글)	· 육하원칙에 따라, 정확한 용어 사용 · 오탈자나 숫자 합계가 틀리지 않도록 작성
용이성 (쉬운 글)	· 상대방의 입장에서 이해하기 쉽게 작성 · 문장은 짧게 끊어서 표현 · 구체적이고 알기 쉬운 용어 사용
성실성 (호감 가는 글)	· 적절한 경어 사용 · 권위적인 표현 삼가기
경제성 (효율적인 글)	· 한눈에 내용을 파악할 수 있고 다루기 쉽게 **'1건 1장 주의'** · 서식은 통일하여 규정된 서식 사용 · 반복적인 업무는 표준 기안문 활용

공문서에 정해진 글꼴이 있나요?

공문서 작성 관련 규정에서 정해진 글꼴은 없습니다. 중앙부처에서는 돋움체를, 17개 시도교육청에서는 일반적으로 굴림체를 많이 사용하고 있습니다. 특별히 정해진 글꼴이나 크기가 없기 때문에, 소속 기관에서 사용하는 전자문서시스템에서 기본 설정값으로 적용된 글꼴을 그대로 쓰시면 됩니다.

국립국어원 표준국어대사전 활용 방법

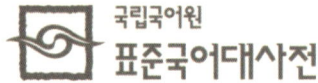

| | 찾기 | 자세히 찾기 |

알립니다 더 보기 ▸

2025년 1분기 표준국어대사전 정보 공개 주요 내용 2025-05-02 09:38:17
2024년 3-4분기 표준국어대사전 정보 공개 주요 내용 2025-02-28 13:27:28
표준국어대사전 표제어 추가 알림(2024년 12월, 제2차) 2024-12-27 09:00:03

국립국어원 표준국어대사전(https://stdict.korean.go.kr)을 항상 즐겨찾기로 해놓고 활용하십시오. 공문서 작성법의 마지막은 띄어쓰기입니다. 실제로 공문서 작성에서 가장 헷갈리는 것이 띄어쓰기이므로 표준국어대사전을 활용하여 띄어쓰기를 확인하는 습관을 생활화해야 합니다.

'표준국어대사전'은 어문규범을 제시하기 위한 사전이고, '우리말샘'은 실생활에서 사용되는 국어의 다양한 쓰임과 현상을 담은 사전입니다.

국립국어원 표준국어대사전에서 '개선방안'을 검색해 보았습니다.

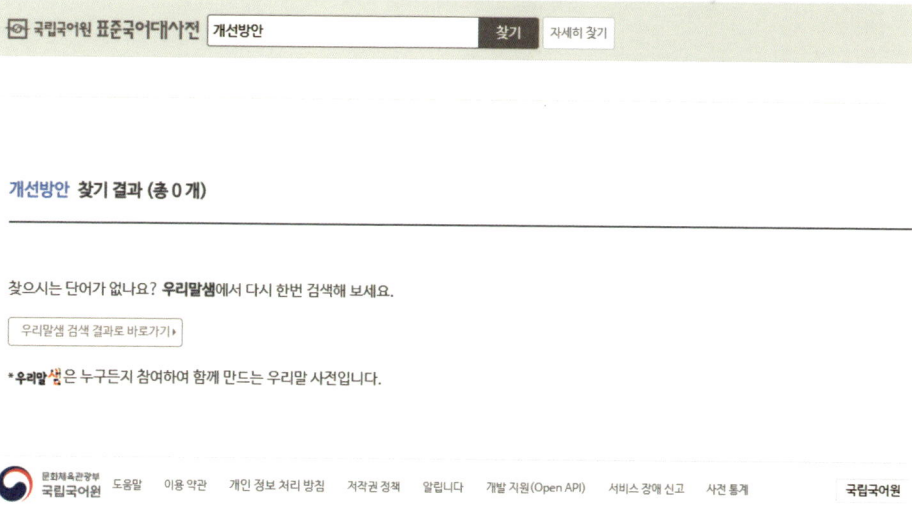

검색 결과가 없다고 나옵니다. '개선'과 '방안'은 각각의 단어이므로 띄어쓰기를 원칙으로 하기 때문입니다.

개선방안 → 개선∨방안

다음은 표준국어대사전에서 '근거규정'을 검색해 보았습니다.

표준국어대사전에서 검색 결과가 바로 뜰 수도 있고 '우리말샘'이라는 사전으로 이동하여 검색 결과가 나올 수도 있습니다.

표준국어대사전과 우리말샘에서 약호 '^'(캐럿 기호 또는 샷갓표)는 띄어쓰기가 원칙이 되 붙여쓰기를 허용한다는 의미입니다.

'근거규정'을 검색했는데 검색 결과로 '권리^근거^규정'만 나왔습니다. 즉, 권리근거규정은 전문용어로서 띄어쓰기가 원칙인데 붙여쓰기를 허용한다는 의미입니다. 다만, 우리가 검색한 '근거규정'은 검색 결과에 없으므로 '근거V규정'처럼 띄어 써야 합니다.

표준국어대사전에서 '운영계획'을 검색해 보았습니다.

우리말샘에서 '운영^계획'으로 검색 결과가 나옵니다. 즉, '운영계획'은 띄어 쓰는 것이 원칙이지만 붙여 쓰는 것을 허용하고 있습니다.

운영계획 → 운영∨계획(원칙), 운영계획(허용)

표준국어대사전에서 '유의사항'을 검색해 보았습니다.

'유의 사항'으로 검색 결과가 나옵니다. '유의'와 '사항' 사이에 한 타 띄어져 있습

니다. 즉, '유의 사항'으로 띄어 쓰라는 뜻입니다.

유의사항 → 유의∨사항

표준국어대사전에서 '인사이동'을 검색해 보았습니다.

'인사-이동'으로 검색 결과가 나옵니다. '인사'와 '이동' 사이에 붙임표(-)가 있습니다. 즉, '인사-이동'은 '인사이동'처럼 붙여 쓴다는 뜻입니다.

"[개정] 한눈에 알아보는 공공언어 바로 쓰기" 활용법

    국립국어원에서 2019년에 발간한 "[개정] 한눈에 알아보는 공공언어 바로 쓰기"는 예시문과 해설이 함께 있어 이해하기 쉽게 구성되어 있습니다. 그런데 예시문을 자세히 살펴보면 공문서 작성의 원칙과 다르게 작성된 부분을 일부 발견할 수 있습니다.

    이와 관련하여 국립국어원에서는 "[개정] 한눈에 알아보는 공공언어 바로 쓰기"가 주로 표현과 맞춤법 등 언어 규범을 중심으로 서술하고 있기 때문에 공문서의 구체적인 작성 방법은 행정안전부의 "행정업무운영 편람"에 따라 작성하라고 안내하고 있습니다. 따라서 이 책자는 공문서를 작성할 때 참고 자료로만 활용하기 바랍니다.

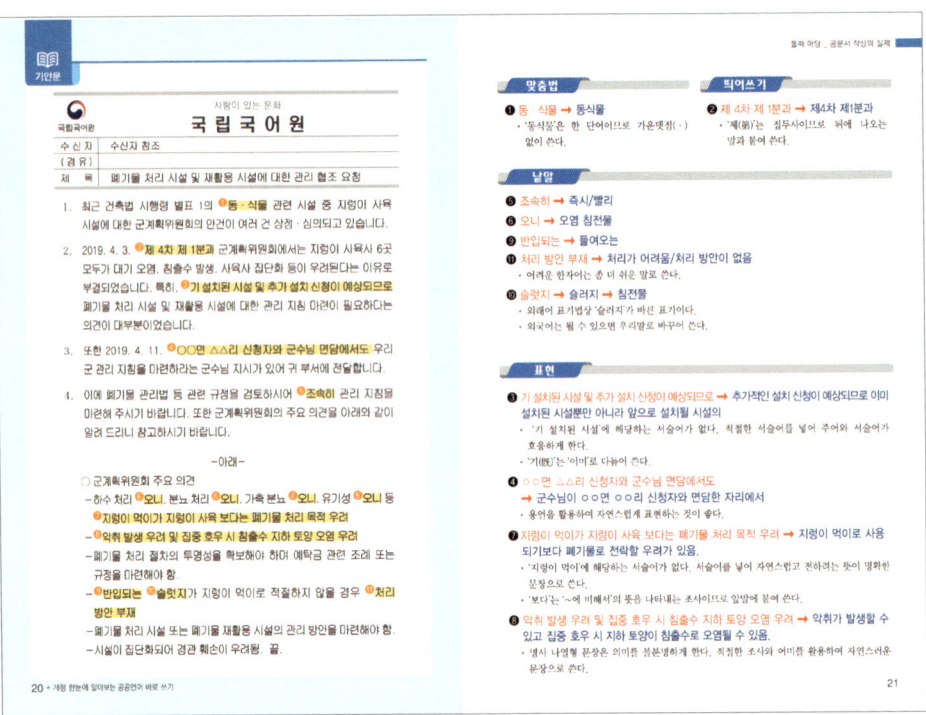

참고로 국립국어원에서는 2022년 12월에 "[개정판] 한눈에 알아보는 공공언어 바로 쓰기"를 발간했습니다. 2019년 책자와 차이점은 "행정업무운영 편람"에서 제시한 공문서 작성법의 내용이 요약 자료로 포함되었고 '필수 개선 행정용어 100개'와 '꼭 가려 써야 할 일본어 투 용어 50개'가 추가된 것입니다.

전국 각 기관에서 진행된 실제 강의를
영상 콘텐츠로 만나보세요!

티처빌 http://ssam.teacherville.co.kr →
검색창에 "공문서 작성법" 검색 →
한 장으로 끝내는 공문서 작성법

1부

두문

두문은 '행정기관명', '수신', '(경유)'로 구성되어 있습니다.

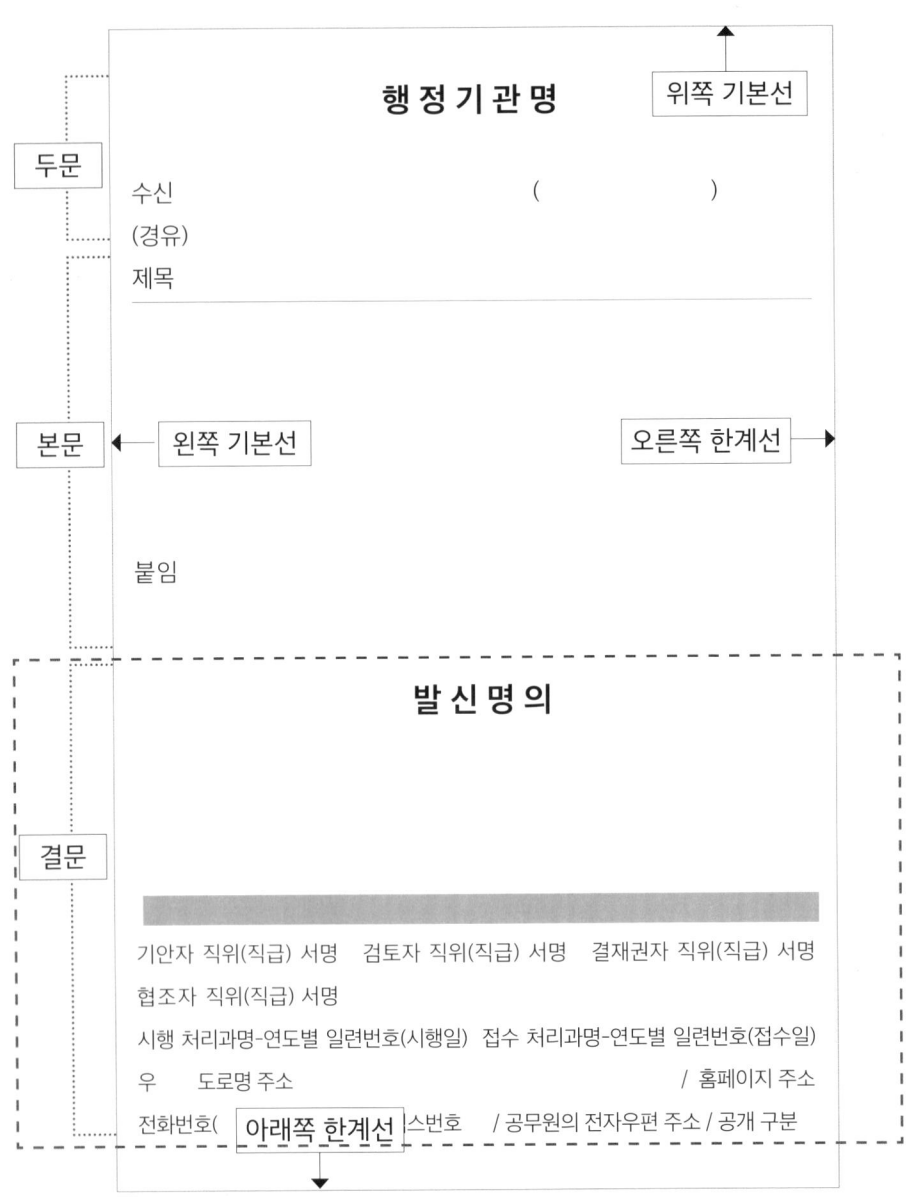

01. '행정기관명' 표시

문서를 기안한 부서가 속한 행정기관의 명칭을 표시합니다.

<일반적인 경우>

종 로 구
수신 수신자 참조
(경유)
제목
(본문 내용)

다른 행정기관과 명칭이 같을 경우에는 바로 위 상급기관의 명칭을 함께 표시할 수 있습니다.

<다른 행정기관과 명칭이 같을 경우>

대구광역시 동구

수신 수신자 참조
(경유)
제목

(본문 내용)

예) 동구 → 대구광역시 동구, 부산광역시 동구, 울산광역시 동구, 인천광역시 동구 등

02. '수신' 표시

내부결재 문서

수신자가 없는 내부결재 문서의 수신란에는 '내부결재'로 표시됩니다.

㉠ 수신 내부결재

행 정 기 관 명

수신 내부결재
(경유)
제목

(본문 내용)

대내외 문서

독임제기관의 장 또는 합의제기관의 장의 권한에 관한 사항인 경우에는 수신란에 해당 기관의 장의 직위(수신명)를 쓰고, ( ) 안에 그 업무를 처리할 보조기관이나 보좌기관의 직위를 씁니다.(지방자치단체에서 '보조기관'은 부지사·부시장·부군수·부구청장 등 부단체장과 실·본부·단·부, 국, 과·팀을 의미합니다. '보좌기관'은 기관장이나 보조기관을 보좌하는 '담당관'을 의미합니다.)

예 수신 행정안전부장관(정보공개정책과장)

다만, 보조기관이나 보좌기관의 직위가 분명하지 않은 경우에는 '○○업무담당과장' 등으로 표시할 수 있습니다.

예 수신 방송통신위원회위원장(정보공개업무담당과장)

수신자가 2개 기관 이상일 경우에는 두문의 수신란에 '수신자 참조'라고 표시됩니다. 결문 발신명의 다음 줄 왼쪽 기본선의 수신자란에 별도로 수신자명을 표시합니다. 이때 표시하는 수신자명은 기관명이 아닌, 해당 기관장의 직위를 씁니다.

예 (두문) 수신 수신자 참조
　　(결문) 수신자　○○대학교총장, ○○교육감(○○과장), ○○연구원장, ○○센터장, ○○학교장

```
┌─────────────────────────────────────────────────────────────┐
│                      행 정 기 관 명                          │
│  수신  수신자 참조                                            │
│  (경유)                                                      │
│  제목                                                        │
│  ─────────────────────────────────────────────────────────  │
│                      발 신 명 의                             │
│  수신자   ○○대학교총장, ○○교육감(○○과장), ○○연구원장, ○○센터장, ○○학교장  │
└─────────────────────────────────────────────────────────────┘
```

민원 회신 문서

민원 회신 문서에는 수신란에 민원인의 성명을 먼저 쓰고, 이어서 ( ) 안에는 우편번호와 도로명 주소를 씁니다. 예) 수신 ○○○(우03171 서울특별시 종로구 세종대로 209)

팁(TIP)

내부결재 문서와 대내외 문서의 비교

구분	내부결재	대내문서/대외문서
목적	내부적으로 결재 (계획 수립, 처리 방침 결정, 업무 보고, 소관 사항 검토)	대내문서: 기관 내부 보조(보좌)기관 간 협조, 보고 대외문서: 다른 행정기관이나 국민, 단체 등
제목	○○ 계획, ○○ 설명회 개최	○○ 계획 알림, ○○ 설명회 개최 안내
표현	~하고자 합니다. ~하고자 하오니/하니	~합니다. ~하오니/하니
유통 여부	×	○
발신 명의	×	○
관인/서명	×	대내문서: 보조(보좌)기관의 서명 대외문서: 관인 날인

03. '경유'를 작성하는 방법

'경유'는 다음과 같이 수신 바로 밑에 '(경유)'로 표기됩니다. '경유'의 목적은 공문서를 작성할 때 내용적인 측면에서 '법적 경유기관을 거쳤는가?'에 있습니다.

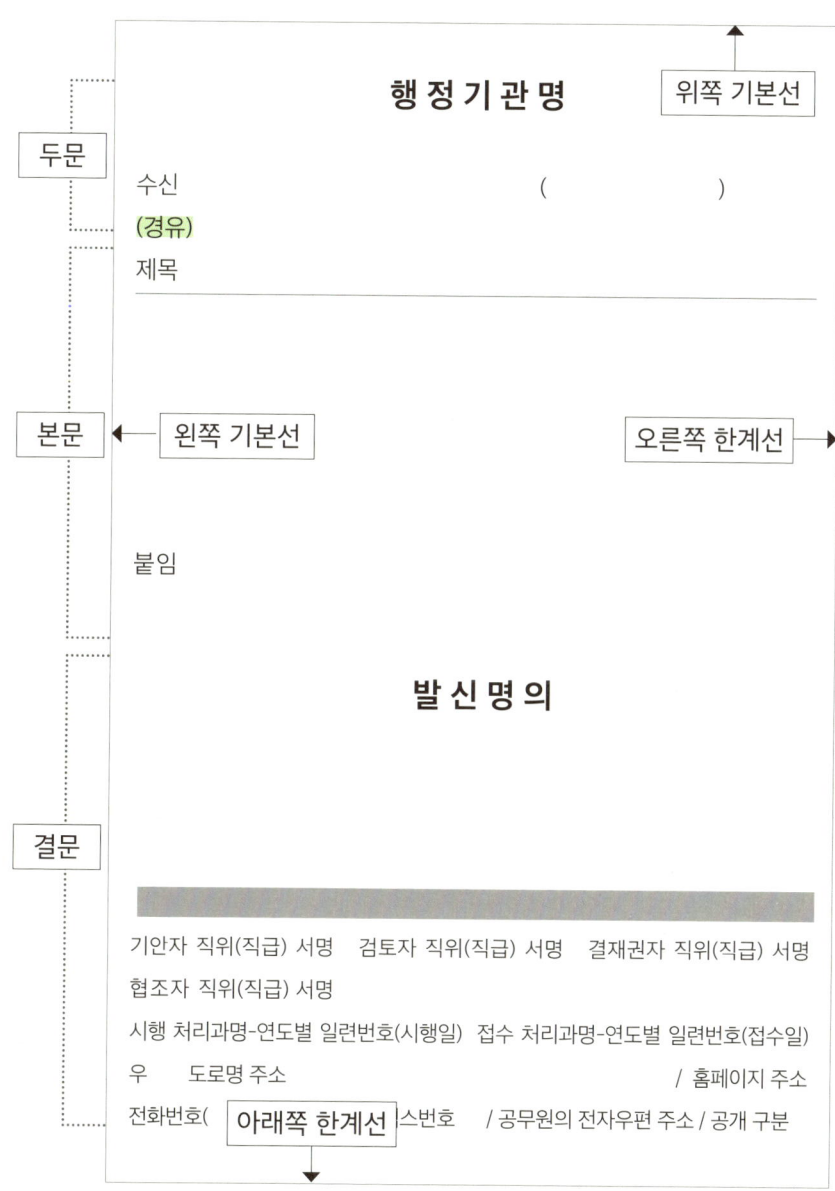

문서의 발신 원칙

문서는 직접 처리하여야 할 행정기관에 발신합니다.

상급기관이 바로 아래 하급기관이 아닌 하급기관에 문서를 발신하는 경우에도, 필요하다고 인정되는 문서는 '그 바로 아래 하급기관을 경유하여 발신하여야 한다'고 되어 있습니다.

경유의 표시

경유기관이 없는 경우: 빈칸 그대로 둡니다.

경유기관이 하나인 경우

예 "이 문서의 경유기관의 장은 ○○○이고, 최종 수신기관의 장은 ○○○입니다."

○○부

수신　○○○
(경유)　이 문서의 경유기관의 장은 ○○○이고, 최종 수신기관의 장은 ○○○입니다.
제목　경유문서의 이송

(본문 내용)

경유기관이 둘 이상인 경우

예 "이 문서의 제1차 경유기관의 장은 ○○○이고, 제2차 경유기관의 장은 ○○○, ……, 최종 수신기관의 장은 ○○○입니다."

> ## ○○부
>
> 수신   ○○○
> (경유) 이 문서의 제1차 경유기관의 장은 ○○○이고, 제2차 경유기관의 장은 ○○○, ……,
> 　　　최종 수신기관의 장은 ○○○입니다.
> 제목   경유문서의 이송
>
> ―――――――――――――――――――――――
>
> (본문 내용)

경유기관의 장은 제목란에 '경유문서의 이송'이라고 표시하여 '기초자치단체 → 광역자치단체 → 중앙행정기관' 순서로 이송해야 합니다.

경유문서의 처리 요령

경유문서의 접수는 일반문서의 접수 절차와 같습니다.

경유문서를 접수한 기관은 해당 기관장의 명의로 다음 경유기관의 장이나 최종 수신자에게 경유문서를 첨부해서 발신해야 합니다.

경유기관의 의견이 있으면 그 의견을 시행문 본문에 표시하거나 첨부해서 보내야 합니다. 의견이 없는 경우에도 경유문서를 이송한다는 내용으로 결재권자의 결재를 받아 경유기관의 장의 명의로 발송하는 문서에 경유문서를 첨부하여 이송해야 합니다.

경유기관의 장은 그 문서를 최종적으로 처리할 권한이 있는 자가 아니므로 검토 과정에서 형식상, 내용상 흠이 있더라도 발신 행정기관의 장에게 반송할 수 없습니다. 또한, 경유문서에 수정 또는 보완 요구를 할 수 없습니다.

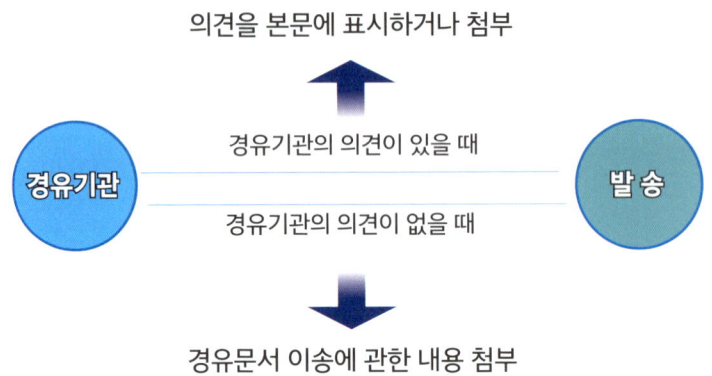

경유기관의 장은 경유문서를 검토하고, 의견이 있는 경우에는 이를 첨부하여 경유 순서에 따라 보내야 합니다.

<1차 경유기관>

종 로 구

수신   서울특별시장(○○과장)

(경유) 이 문서의 제1차 경유기관의 장은 종로구청장이고, 제2차 경유기관의 장은 서울특별시장이며, 최종 수신기관의 장은 행정안전부장관입니다.

제목   경유문서의 이송

(본문 내용)

붙임   1. 시행문(효자동 경유문서) 1부.
        2. 의견서 1부(있는 경우에만 첨부). 끝.

종로구청장

<2차 경유기관>

서울특별시

수신   행정안전부장관(○○과장)

(경유) 이 문서의 제1차 경유기관의 장은 종로구청장이고, 제2차 경유기관의 장은 서울특별시장이며, 최종 수신기관의 장은 행정안전부장관입니다.

제목   경유문서의 이송

(본문 내용)

붙임   1. 시행문(효자동 경유문서) 1부.
        2. 시행문(종로구 경유문서) 1부.
        3. 의견서 1부(있는 경우에만 첨부). 끝.

서울특별시장

2부

본문

본문은 '제목', '내용', '붙임'으로 구성되어 있습니다.

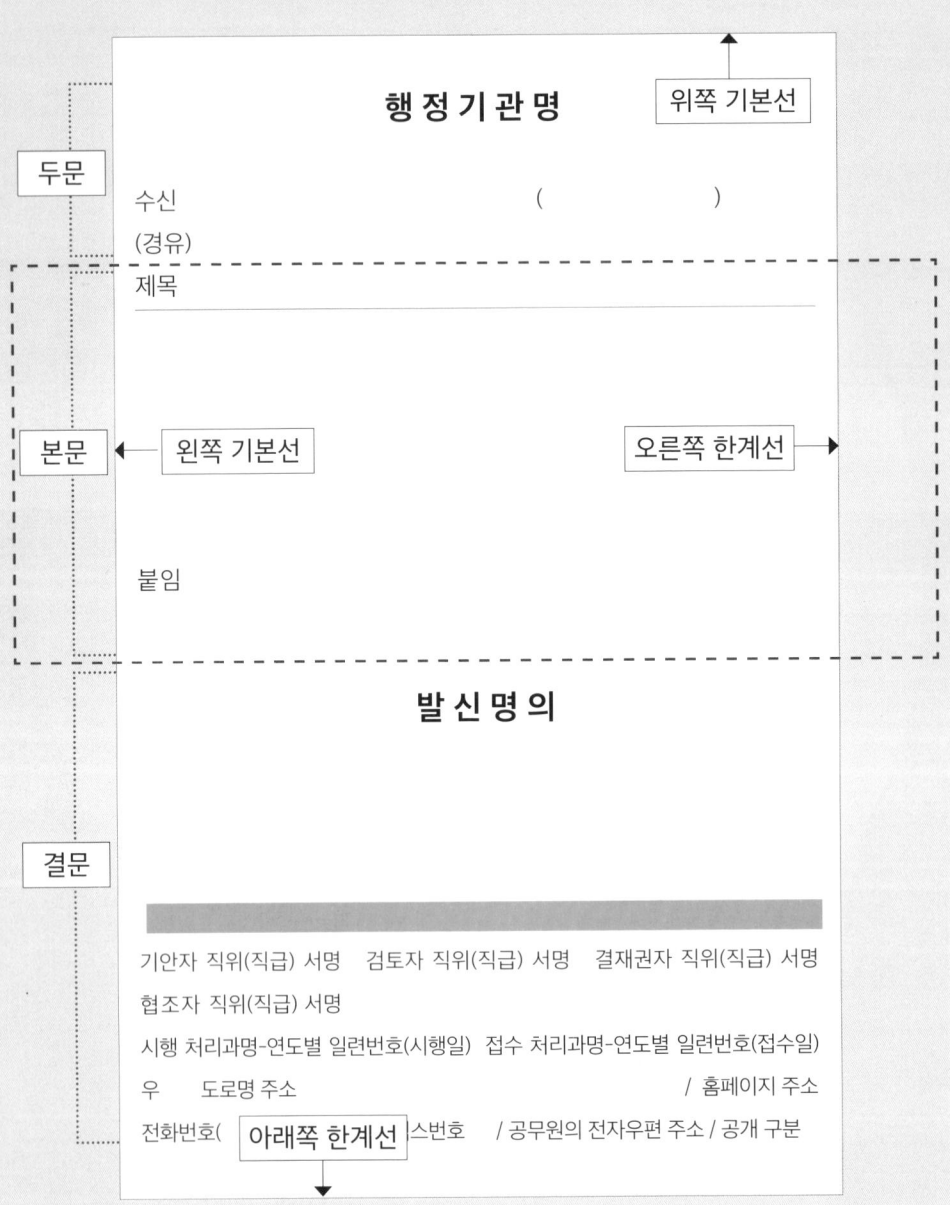

04. 제목을 작성하는 방법

공문 제목은 본문의 내용을 핵심적으로 제시해야 합니다. 공문을 받는 사람이 문서의 내용을 쉽게 알 수 있도록 '간단하고, 명확하게' 작성합니다.

공문서를 발송하는 목적은 다음과 같습니다.

· 제출: 자료 제출
· 협조 요청: 회의 참석, 설문 조사, 대회 참가, 홍보, 추천
· 안내/알림: 계획, 인사 발령, 서비스 시행/중단, 연수, 교육, 변경 사항, 사업, 모집 등

공문 제목 마지막에는 공문을 발송하는 목적을 같이 표시합니다.

예 ○○ 서비스 시행 안내

공문의 제목을 살펴보면 '○○○ 지시 사항 통보', '○○ 참석자 명단 통보', '○○ 인사 발령 통보'처럼 '통보'라는 단어를 많이 사용하고 있습니다. 여기서 '통보'는 권위적인 표현으로 '알리다'로 순화되었습니다.

'통보' 대신 '알림' 또는 '안내' 등의 표현으로 순화해서 '○○○ 지시 사항 알림', '○○ 참석자 명단 안내', '○○ 인사 발령 알림' 등으로 표기할 수 있습니다.

제목에 [긴급], [제출], [알림] 등의 용어를 표시해야 하나요?

공문 제목에 공문 내용과 관련한 핵심 용어를 표시하는 것은 일부 기관에서 내부 지침으로 시행하는 것으로 공문서 관련 규정에서 정하는 사항은 아닙니다.

따라서 소속 기관에서 '핵심 용어 표시제'를 시행하고 있는지 확인하고 내부 지침 유무에 따라 사용 여부를 결정하면 됩니다. 내부 지침에 없다면 공문 제목에 굳이 사용할 필요가 없습니다.

수신 수신자 참조

(경유)

제목 [알림] 공문 제목 핵심 용어 표시제 준수 안내

1. 관련: ○○과-11111(2025. 11. 10.)

2. 공문 제목 핵심 용어 표시제를 다음과 같이 안내하오니, 각 기관에서는 공문 제목 핵심 용어 표시제가 준수될 수 있도록 적극적으로 협조하여 주시기 바랍니다.

핵심 용어	내용	처리 방법
[제출]	· 정해진 기한 내에 회신이 필요한 공문	· 자료 제출
[협조]	· 수신 기관에서 선택적으로 판단해야 할 공문	· 자체 시행 · 선택, 확인 등
[알림]	· 계획, 지침, 선정 결과 등 주요 사항을 알리는 공문	
[설문]	· 설문 조사, 의견 수렴 등 공문	
[출장]	· 회의 참석 등 공식적인 출장 요청 공문	
[연수]	· 연수 개최, 연수 신청 안내 공문	
[홍보]	· 홍보 관련 공문	
[공모]	· 공모 관련 공문	

끝.

'공문 제목 핵심 용어 표시제'를 사용하는 기관이라고 가정했을 때 주의할 점은 제목 앞에 [알림]을 쓰고 '알림'으로 끝나는 것처럼 중복되게 작성하면 안 된다는 것입니다.

<잘못된 예시>

수신 수신자 참조
(경유)
제목 [알림] 공문 제목 핵심 용어 표시제 준수 **알림**

<올바른 예시>

수신 수신자 참조
(경유)
제목 [알림] 공문 제목 핵심 용어 표시제 준수 **안내**

팁(TIP)

'계획'과 '계획(안)'의 차이

계획: 앞으로 할 일의 절차, 방법, 규모를 미리 헤아려 작정함. 또는 그 내용

계획(안): 계획에 대한 구상 또는 그 내용을 담은 서류

'계획(안)'은 '이것은 계획안입니다'라는 뜻을 나타냅니다.

표준국어대사전에서 '안(案)'은 '궁리하여 내놓은 생각이나 계획'이라는 뜻이므로 '계획(안)'이라고 쓰지 않고 '계획'만 써도 의도하는 바를 나타낼 수 있습니다.

<수정 전>

수신 내부결재

(경유)

제목 ○○○○운영 편람 발간 **계획(안)**

(본문 내용)

<수정 후>

수신 내부결재

(경유)

제목 ○○○○운영 편람 발간 **계획**

(본문 내용)

05. '2025년'을 '2025.'로 작성할 수 있나요?

2025년은 '년'을 단독으로 표기한 경우이므로 '2025년' 그대로 작성해야 합니다.

「행정업무의 운영 및 혁신에 관한 규정」 제7조제5항에 "문서에 쓰는 날짜는 숫자로 표기하되, '연·월·일'의 글자는 생략하고 그 자리에 온점(마침표)을 찍어 표시한다"라고 되어 있습니다.

여기서 한 가지 주의할 점이 있습니다. '연', '월', '일'만 단독으로 쓰고자 할 때는 글자 대신 마침표를 찍어 표시하면 안 됩니다. 우리가 공문에서 '월'이나 '일'을 단독으로 표기할 일은 거의 없지만, '연'은 단독으로 표기할 일이 종종 있습니다.

특히 공문 제목에서 '2025년'처럼 '연도'를 단독으로 쓰는 경우입니다. 이때는 '2025'라는 숫자에 마침표(.)를 찍어서 '2025.'과 같이 쓰지 않고 '2025년'처럼 써야 합니다.

<수정 전>

○○교육청

수신 수신자 참조

(경유)

제목 **2025**. ○○센터 흡연 학생 상담 신청 안내

1. 관련: ○○과-1681(2025. 2. 14.) "**2025.** 학교 ○○ 사업 계획 및 예산 교부 안내"
2. **2025.** ○○센터 운영 계획을 다음과 같이 안내하니, 각급 학교에서는 해당 학생이 신청할 수 있도록 적극적으로 안내하여 주시기 바랍니다.

<수정 후>

○○교육청

수신 수신자 참조

(경유)

제목 **2025년** ○○센터 흡연 학생 상담 신청 안내

1. 관련: ○○과-1681(2025. 2. 14.) "**2025년** 학교 ○○ 사업 계획 및 예산 교부 안내"
2. **2025년** ○○센터 운영 계획을 다음과 같이 안내하니, 각급 학교에서는 해당 학생이 신청할 수 있도록 적극적으로 안내하여 주시기 바랍니다.

'2025년도', '2025년', '2025' 차이가 있나요?

'2025년도'의 '년도'는 국립국어원 표준국어대사전에 '해(年)'를 뜻하는 말 뒤에 쓰여 일정한 기간 단위로서 '그해'를 의미한다고 되어 있습니다. 즉, '2025년도'는 2025년 1월 1일부터 12월 31일까지 '한 해 동안'이라는 기간을 강조하는 표현입니다. '2025년도 달력', '2025년도 출생자', '2025년도 예산안'처럼 씁니다.

'2025년'의 '년'은 '1년은 365일이다'처럼 단순히 그해를 나타내는 표현입니다.

'2025'와 같이 숫자만 쓰는 것은 관행적인 표현 방식입니다. 담당자가 이렇게 작성하면 결재자가 앞뒤 문맥을 판단하여 이것이 '2025년도'인지 '2025년'인지 판단해야 하는 번거로움이 있습니다. 따라서 숫자만 표기하는 것은 지양하고, 되도록 '년도'와 '년'을 명확히 구분하여 작성하는 것이 좋습니다.

참고로 학교에서 사용하는 '학년도'는 한 학년의 교육과정을 치르는 기간을 말하며, 우리나라에서는 3월 1일부터 다음 해 2월 말까지를 한 학년도라고 정하고 있습니다.

팁(TIP)

연도를 줄여서 표기할 때

2025년 ⇨ '25./'25년/2025년

공문에서는 연도를 생략해서 쓰는 경우가 간혹 있습니다. 간략해 보이지만 여는 작은따옴표(')로 착각해서 종종 실수하기도 합니다. 닫는 작은따옴표(')를 써서 '25년처럼 연도를 생략해서 작성하다가 본문의 마지막 부분에서 '2025년'으로 연도를 원래대로 표기한 문서도 있습니다.

하나의 문서에서 2가지 연도 표기 방식을 사용하지 않고, 일관성 있게 연도 전체를 그대로 적는 방식으로 통일하는 것이 좋습니다.

<수정 전>

제목 2025년 상반기 적극행정 우수 공무원 선발 계획 알림

1. 관련
   가. 「지방공무원 적극행정 운영규정」 제8조 및 제9조
   나. 감사관-1234(**2025.** 4. 7.) "2025년 적극행정 실행 계획"
2. 2025년 상반기 적극행정 우수 공무원 선발 계획을 붙임과 같이 알려드리니, 각 기관에서는 적극적으로 업무를 추진한 우수 공무원을 기한 내 추천하여 주시기 바랍니다.
   가. 선발 대상: ○○교육청 소속 공무원
   나. 선발 인원: 6명 이내
   다. 실적 기간: **'25.** 1. 1.~**'25.** 6. 30.
   라. 제출 기한: **2025.** 7. 28.(월)까지

<수정 후>

제목 2025년 상반기 적극행정 우수 공무원 선발 계획 알림

1. 관련
   가. 「지방공무원 적극행정 운영규정」 제8조 및 제9조
   나. 감사관-1234(**2025.** 4. 7.) "2025년 적극행정 실행 계획"
2. 2025년 상반기 적극행정 우수 공무원 선발 계획을 붙임과 같이 알려드리니, 각 기관에서는 적극적으로 업무를 추진한 우수 공무원을 기한 내 추천하여 주시기 바랍니다.
   가. 선발 대상: ○○교육청 소속 공무원
   나. 선발 인원: 6명 이내
   다. 실적 기간: **2025.** 1. 1.~6. 30.
   라. 제출 기한: **2025.** 7. 28.(월)까지

팁(TIP)

'년도'와 '연도'의 구분

'숫자'는 '년도'를 씁니다. (숫자+년도)

예 2024년도 졸업식, 2025년도 예산안
　※ 신년도, 구년도는 **신년**-도, **구년**-도의 구조로 예외

나머지는 '연도'로 표기하고 띄어 씁니다.

예 다음∨연도, 해당∨연도, 1차∨연도, 졸업∨연도, 회계∨연도/회계연도
　※ 회계연도는 전문용어라서 띄어 쓰는 것이 원칙이나 붙여 쓰는 것을 허용합니다.

06. '기본선'과 '한계선'을 꼭 기억하세요!

    일반기안문을 작성할 때 본문 내용을 시작하는 왼쪽 선은 '기본선', 오른쪽 선은 '한계선'이라고 부릅니다. 뒤에 나오는 '공문서 작성 방법 5가지 규정'을 쉽게 이해하기 위해서 '기본선'과 '한계선'의 정의를 꼭 기억해야 합니다.

공문서의 작성 방법 개선·시행

2017년 11월 행정안전부에서 공문서 작성을 쉽고 편하게 개선하였다는 공문이 도착했습니다. 그동안 공문서를 작성하면서 6타를 띄우고 제목 바로 아래에 첫 번째 항목 기호 '1.'을 시작하다 보니 시작점을 찾기 어렵고 불필요한 여백으로 낭비가 발생한다는 이유였습니다.

개선된 '공문서 작성 방법 5가지 규정'은 다음과 같습니다.

공문서의 작성 방법 개선·시행 알림(행정안전부 2017. 11. 1. 시행)

1. 첫째 항목 기호는 왼쪽 기본선에서 시작한다.
2. 둘째 항목부터는 바로 위 항목 위치에서 오른쪽으로 2타씩 옮겨 시작한다.
3. 항목이 두 줄 이상인 경우에 둘째 줄부터는 항목 내용의 첫 글자에 맞추어 정렬한다.
    (Shift+Tab 키 사용)
4. 항목 기호와 그 항목의 내용 사이에는 1타를 띄운다.
5. 항목이 하나만 있는 경우 항목 기호를 부여하지 아니한다.

이 규정은 행정안전부에서 공문서를 작성할 때 반드시 적용하라고 안내한 내용입니다. 이 5가지 규정을 알고 있어야 올바른 공문서를 작성할 수 있습니다.

지금부터 '공문서 작성 방법 5가지 규정'을 알기 쉽게 설명해 보겠습니다.

07. 첫째 항목 기호 '1.'의 위치 잡기

"첫째 항목 기호는 왼쪽 기본선에서 시작한다."

첫째 항목 기호는 '1.'이고 왼쪽 기본선은 맨 왼쪽 본문이 시작하는 선을 의미합니다. 아래의 예시처럼 모든 공문은 '1.'이 왼쪽에 붙어 있어야 합니다.

기본선

수신ˇˇ○○○장관(○○○과장)
(경유)
제목ˇˇ○○○○○
　　　　↙ 첫째 항목 기호
1.ˇ○○○○○○○○○○○○○○○○○○○○○○○○○○○○○○○○○
ˇˇ가.ˇ○○○○○○○○○○○○○○○○○○○○○○○○○○○○○○○
ˇˇˇˇ1)ˇ○○○○○○○○○○○○○○○○○○○○○○○○○○○○○○
ˇˇˇˇˇˇ가)ˇ○○○○○○○○○○○○○○○○○○○○○○○○○○○○
2.ˇ○○○○○○○○○○○○○○○○○○○○○○○○○○○○○○○○○

> **팁(TIP)**

모든 공문서에는 공통점이 있다?

　우리가 작성하는 공문의 형식은 다음 2가지가 가장 일반적입니다. 이 공문들을 자세히 보면 하나의 공통점을 발견할 수 있습니다.

　첫째 항목 기호는 왼쪽 기본선에서 시작한다는 규정에 따라 <u>모든 공문의 숫자 '1.'은 항상 왼쪽에 붙어 있다</u>는 것입니다. 즉, 본문에서 '1.'이라는 숫자는 항상 왼쪽에 붙이고 시작하면 틀릴 일이 없을 것입니다.

수신∨∨○○○장관(○○○과장)

(경유)

제목∨∨○○○○○

___

문서관리 교육을 다음과 같이 실시하오니 참석하여 주시기 바랍니다.

1.∨일시:∨2025.∨8.∨11.(월)∨13:00

2.∨장소:∨○○○○○

3.∨참석∨대상:∨○○○○○.∨∨끝.

수신∨∨○○○장관(○○○과장)

(경유)

제목∨∨고위공직자 청렴 교육 이수 실적 제출

___

1. 관련

    가.「부정청탁 및 금품등 수수의 금지에 관한 법률 시행령」제42조

    나.「○○○교육청 공무원 행동강령」제22조

2. 2025년 공공기관 부패방지 시책평가에 따른 고위공직자의 청렴 교육 이수 실적을 2025. 9. 2.(화)까지 제출하여 주시기 바랍니다.

팁(TIP)

항목 기호와 특수 기호

항목 기호는 1. → 가. → 1) → 가) → (1) → (가) → ① → ㉮ 순서대로 작성하고, 필요한 경우 □ ○ - · 등의 특수 기호로 표시할 수 있습니다.

구분	항목 기호	비고
첫째 항목	1., 2., 3., 4., ……	하., 하), (하), ㉲ 이상 계속되는 때에는 거., 거), (거), ㉰ 너., 너), (너), ㉱ …… 등 단모음 순으로 표시합니다.
둘째 항목	가., 나., 다., 라., ……	
셋째 항목	1), 2), 3), 4), ……	
넷째 항목	가), 나), 다), 라), ……	
다섯째 항목	(1), (2), (3), (4), ……	
여섯째 항목	(가), (나), (다), (라), ……	
일곱째 항목	①, ②, ③, ④, ……	
여덟째 항목	㉮, ㉯, ㉰, ㉱, ……	

하나의 문서에서는 같은 형식의 항목 기호를 일관성 있게 사용하는 것이 중요합니다. 일반기안문에서는 항목 기호 '1. → 가. → 1) → 가) → (1) → (가) → ① → ㉮'를 사용하고, 특수 기호 '□ ○ - ·'는 간이기안문에서 사용할 것을 권장합니다.

<수정 전>

수신 수신자 참조
(경유)
제목 ○○○○○

---

1. 귀교의 무궁한 발전을 기원합니다.
2. ○○대학교에서는 교원을 대상으로 ○○ 직무 연수를 진행하오니 많은 참여를 부탁드립니다.
　　가. 연수 기간
　　　　- 1기: 2025. 1. 8.(수)~1. 10.(금)
　　　　- 2기: 2025. 1. 15.(수)~1. 17.(금)
　　나. 신청 기간: 2024. 12. 24.(화)~12. 30.(월)

<수정 후>

수신 수신자 참조
(경유)
제목 ○○○○○

---

1. 귀교의 무궁한 발전을 기원합니다.
2. ○○대학교에서는 교원을 대상으로 ○○ 직무 연수를 진행하오니 많은 참여를 부탁드립니다.
　　가. 연수 기간
　　　　1) 1기: 2025. 1. 8.(수)~1. 10.(금)
　　　　2) 2기: 2025. 1. 15.(수)~1. 17.(금)
　　나. 신청 기간: 2024. 12. 24.(화)~12. 30.(월)

08. 둘째 항목 기호 '가.'의 위치 잡기

"둘째 항목부터는 바로 위 항목 위치에서 오른쪽으로 2타씩 옮겨 시작한다."

첫째 항목 기호는 숫자 '1.'이고 둘째 항목 기호는 '가.'입니다. 둘째 항목 기호 '가.'는 첫째 항목 기호 '1.'의 위치로부터 2타 띄우고 시작한다는 의미입니다. 항목이 아래로 내려갈수록 2타, 4타, 6타 순서대로 띄우고 시작합니다.

```
제목∨∨○○○○○        둘째 항목 기호
─────────────────────────────────
1.∨○○○○○○○○○○○○○○○○○○○○○○○○○○○○○○○○○○○○○
∨∨가.∨○○○○○○○○○○○○○○○○○○○○○○○○○○○○○○○○○○○
∨∨∨∨1)∨○○○○○○○○○○○○○○○○○○○○○○○○○○○○○○○○○
∨∨∨∨∨∨가)∨○○○○○○○○○○○○○○○○○○○○○○○○○○○○○○○
```

09. 문장이 두 줄 이상일 때 정렬하는 방법

==="항목이 두 줄 이상인 경우에 둘째 줄부터는 항목 내용의 첫 글자에 맞추어 정렬한다."===

글이 길어져서 두 줄 이상이 된 경우에 정렬 방법입니다.

```
제목ⅤⅤ○○○○○

                항목 내용의 첫 글자
1.Ⅴ○○○○○○○○○○○○○○○○○○○○○○○○○○○○○○○
Shift+Tab  ○○○○○
ⅤⅤ가.Ⅴ○○○○○○○○○○○○○○○○○○○○○○○○○○○○○
ⅤⅤⅤⅤ1)Ⅴ○○○○○○○○○○○○○○○○○○○○○○○○○○
           ○○○○○○
ⅤⅤⅤⅤⅤⅤ가)Ⅴ○○○○○○○○○○○○○○○○○○○○○○○
             ○○○○○○○
```

항목이 두 줄 이상인 경우에 쌍점(:)이 있다고 해서 쌍점(:)에 맞춰 정렬한 사례가 있습니다. 공문서 규정 어디에도 쌍점(:)에 맞춘다는 규정은 없습니다. 또한 줄을 맞춘다고 한계선에서 엔터(enter)를 눌러 강제로 내린 다음 스페이스바로 밀어서 정렬하지 않도록 합니다.

항목이 두 줄 이상인 경우에 **(쌍점의 유무와 관계없이)** '항목 내용의 첫 글자'에서 한글 단축키 Shift+Tab을 눌러서 맞춰야 합니다.

아래 예시처럼 항목이 두 줄 이상인 경우 쌍점(:)에 맞춰 정렬한 것은 잘못된 정렬 방법입니다.

<수정 전>

○○학교

수신 내부결재

(경유)

제목 학교 외벽 보수 결과 보고

1. 관련: ○○고등학교-1234(2025. 4. 10.)
2. 2025. 4. 10.(목) 교사동 외벽 낙석 발생에 따른 교육지원청 점검·보수 결과를 다음과 같이 보고하고자 합니다.
　가. 점검 일시: 2025. 4. 14.(월) 14:00
　나. 점검자: ○○교육지원청 학교시설지원과 김○○ 외 1명
　다. 조치 현황: 추가 탈락 등 위험 소지가 있으므로 교육시설관리본부에 점검 의뢰 및 보수 전까지 출입 통제
　라. 보수 결과: 붙임 참고

〈수정 후〉

○○학교

수신 내부결재
(경유)
제목 학교 외벽 보수 결과 보고

1. 관련: ○○고등학교-1234(2025. 4. 10.)
2. 2025. 4. 10.(목) 교사동 외벽 낙석 발생에 따른 교육지원청 점검·보수 결과를 다음과 같이 보고하고자 합니다.
   가. 점검 일시: 2025. 4. 14.(월) 14:00
   나. 점검자: ○○교육지원청 학교시설지원과 김○○ 외 1명
   다. 조치 현황: 추가 탈락 등 위험 소지가 있으므로 교육시설관리본부에 점검 의뢰 및 보수 전까지 출입 통제
   라. 보수 결과: 붙임 참고

'다.' 항목이 두 줄 이상인 경우 둘째 줄부터는 항목 내용의 첫 글자인 '조'에 맞춰 정렬해야 합니다.

문장이 두 줄 이상일 때 정렬 시 주의 사항

[원칙] (둘째 줄부터) 항목 내용의 첫 글자에 맞춘 경우

2018년 "행정업무운영 편람"에서는 항목이 두 줄 이상인 경우에 둘째 줄부터는 항목 내용의 첫 글자에 맞추어 정렬하는 것을 원칙으로 했습니다.

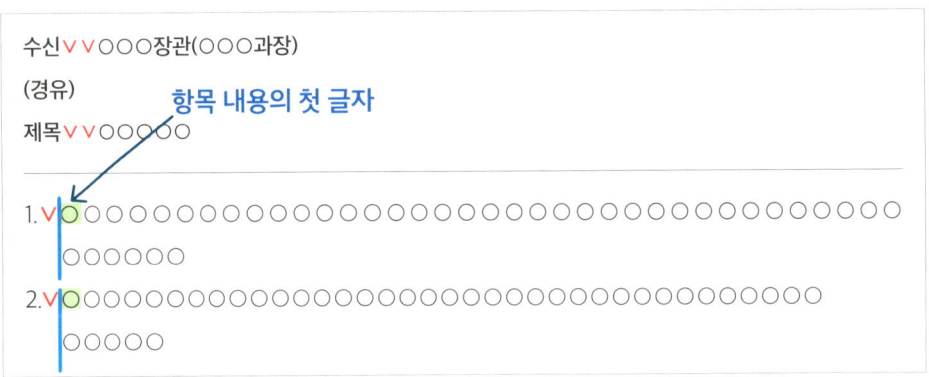

[허용] (둘째 줄부터) 왼쪽 기본선에서 시작하는 경우

2020년 개정된 "행정업무운영 편람"에서는 항목이 두 줄 이상인 경우에 둘째 줄부터는 왼쪽 기본선에서 시작하는 것을 허용하게 되었습니다. 그래서 현재는 원칙과 허용에 따라 2가지 중 1가지 방법을 선택해서 작성할 수 있습니다.

```
수신ˇˇ○○○장관(○○○과장)
(경유)
제목ˇˇ○○○○○

1.ˇ○○○○○○○○○○○○○○○○○○○○○○○○○○○○○○○
  ○○○
2.ˇ○○○○○○○○○○○○○○○○○○○○○○○○○○○○○○○
  ○○○
```

[주의] 하나의 문서에서는 같은 형식으로 정렬

하나의 문서에서는 하나의 규정만 적용해서 정렬해야 아래 예시처럼 하나의 일반 기안문 본문에서 '원칙'과 '허용' 2가지를 동시에 적용하면 안 됩니다.

```
수신ˇˇ○○○장관(○○○과장)
(경유)
제목ˇˇ○○○○○

1.ˇ○○○○○○○○○○○○○○○○○○○○○○○○○○○○○○○
   ○○○
2.ˇ○○○○○○○○○○○○○○○○○○○○○○○○○○○○○○○
  ○○○
```

2타 띄우기와 Shift+Tab 정렬을 맞춰야 하나요?

○○연구원

수신 수신자 참조

(경유)

제목 ○○공단 소속 임직원 외부강의 등 현황 자료 제출 요청

1. 관련: ○○공단 감사실-123(2025. 1. 12.)
2. 위 호와 관련하여 ○○공단 소속 임직원이 우리 연구원에서 주최한 외부강의 등의 활동 사항이 있는 부서에서는 붙임 양식을 작성하여 2025. 1. 20.(월)까지 회신해 주시기 바랍니다.
   가. 대상 기간: 2023. 7. 1.~2024. 12. 31.
   나. 요청 자료: ○○공단 소속 임직원 외부강의 등 실시 및 대가 지급 내용

①번은 공문서 작성 방법 5가지 규정 중에서 '항목이 두 줄 이상인 경우에 둘째 줄부터는 항목 내용의 첫 글자에 맞추어 정렬한다'는 규정에 따라 항목 내용의 첫 글자인 '위' 앞에서 단축키 Shift+Tab을 누른 예시입니다.

②번 예시는 둘째 항목부터는 바로 위 항목 위치에서 오른쪽으로 2타씩 옮겨 시작한다는 규정에 따라 둘째 항목인 '가.'가 첫째 항목 기호인 '1.'로부터 2타 띄우고 시작한 것입니다.

어떤 기관에서는 ①번과 ②번의 선을 아래위로 동일하게 맞추라는 분이 있다는데요?

　①번과 ②번은 각각 다른 규정을 적용하고 있기 때문에, ①번과 ②번 선을 동일하게 맞출 필요가 없습니다.

10. 항목 기호와 항목 내용 사이 띄어쓰기

"항목 기호와 그 항목 내용의 사이에는 1타를 띄운다."

본문에서 첫째 항목 기호인 '1.'을 왼쪽에 붙이고, 1타 띄운 다음 본문 내용을 시작하면 됩니다.

```
수신∨∨○○○장관(○○○과장)
(경유)
제목∨∨○○○○○

    1.∨○○○○○○○○○○○○○○○○○○○○○○○○○○○○
    ∨∨가.∨○○○○○○○○○○○○○○○○○○○○○○○○○
    ∨∨∨∨1)∨○○○○○○○○○○○○○○○○○○○○○○○
    ∨∨∨∨∨∨가)∨○○○○○○○○○○○○○○○○○○○○○
    2.∨○○○○○○○○○○○○○○○○○○○○○○○○○○○○
```

한 글자(2타)는 1칸입니까?

한 글자는 2칸입니다. "행정업무운영 편람"에 본문 내용의 마지막 글자에서 한 글자(2타) 띄우고 '끝' 표시를 한다고 되어 있습니다.

'한 칸'이라는 용어는 법제처의 "알기 쉬운 법령 정비기준"에서 다음과 같이 설명하고 있습니다.

> 항 번호(①) 다음에는 한 칸 띄어 쓴다.
> ①▽이 법에서 …

즉, 한 글자=(스페이스바)2타=2칸입니다.

11. '2.'가 없는데 항목 기호 '1.'을 쓸 수 있나요?

"항목이 하나만 있는 경우 항목 기호를 부여하지 아니한다."

첫째 항목 기호는 '1.'입니다. '2.'가 없는데 '1.'을 어떻게 쓸 수 있냐는 뜻입니다. 둘째 항목 기호에서도 마찬가지로 '나.'가 없으면 '가.'를 쓸 수 없습니다.

다음은 행정안전부의 "행정업무운영 편람"에서 제시하는 가장 기본적인 예시입니다. 첫 번째 문장 "문서관리 교육을……"에서 항목이 하나인 경우이므로 항목 기호를 부여하지 않았습니다. 모든 문서의 첫째 항목 기호는 '1.'이고, 왼쪽 기본선에서 시작한다는 규정에 따라 작성된 예시입니다.

수신　∨∨○○○장관(○○○과장)

(경유)

제목　∨∨○○○○○

문서관리 교육을 다음과 같이 실시하오니 각 부서의 문서관리 담당자께서는 반드시 참석하여 주시기 바랍니다.

1.∨일시:∨2025.∨8.∨14.(목)∨13:00
2.∨장소:∨○○○○○
3.∨참석∨대상:∨○○○○○.∨∨끝.

잘못 작성된 <예시 1>

문서관리 교육을 다음과 같이 실시하오니⋯⋯
가. 일시:
나. 장소:
다. 참석 대상:

첫 번째 문장에서 항목이 하나이므로 항목 기호를 부여하지 않았습니다. 이것을 항목 기호 '1.'이 첫 번째 문장에서 생략되었다고 보고 다음 항목 기호인 '가., 나., 다.'로 잘못 작성된 예시입니다.

잘못 작성된 <예시 2>

문서관리 교육을 다음과 같이 실시하오니⋯⋯
∨∨1. 일시:
∨∨2. 장소:
∨∨3. 참석 대상:

2018년과 2019년에 발간된 지방자치인재개발원의 "행정업무운영실무"에서는 기본선에서 2타 띄우고 첫째 항목 기호 '1.'을 작성하도록 안내하고 있습니다.

2018년과 2019년에 잘못 작성된 이 예시는 2020년이 되어서야 "행정업무운영 편람"의 예시와 동일하게 올바르게 수정되었습니다.

항목이 하나만 있는 경우 특수 기호(-)를 쓰나요?

제목∨∨○○○○○

1. 관련: ○○학교-○○○○(2025.∨6.∨13.)
2. 학생 교통비를 다음과 같이 집행하고자 합니다.
∨∨-소요∨예산:∨금50,000원(금오만원).∨∨끝.

공문에서 항목 기호 '1.'을 쓰고 '가.', '나.'를 작성한 다음 '2.'를 쓰고 다시 '가.', '나.'를 작성했습니다. '3.'을 쓰고 '가.'의 내용을 썼는데 '나.'의 내용이 생각나지 않습니다. 하나만 더 생각나면 좋겠는데 더 이상 쓸 내용이 없습니다. 이런 경우 어떻게 작성하나요?

둘째 항목이 하나만 있는 경우에 적용할 수 있는 규정은 '공문서 작성 방법의 5가지 규정' 중 2가지입니다.

첫째, 항목이 하나만 있는 경우 항목 기호를 부여하지 아니한다.
둘째, 둘째 항목부터는 바로 위 항목 위치에서 오른쪽으로 2타씩 옮겨 시작한다.

이 2가지 규정에 따라서 아래 예시처럼 둘째 항목이 하나만 있는 경우 바로 위 항목 위치에서 2타만 띄우고 바로 작성하면 됩니다.

제목∨∨○○○○○

1. 관련: ○○학교-○○○○(2025.∨6.∨13.)
2. 학생 교통비를 다음과 같이 집행하고자 합니다.
∨∨소요∨예산:∨금50,000원(금오만원).∨∨끝.

12. '귀 기관의 무궁한 발전을 기원합니다' 꼭 써야 하나요?

행정안전부에서는 「행정업무의 운영 및 혁신에 관한 규정」에 구체적으로 정한 사항은 없지만 공문은 '간결하고 명확하게, 이해하기 쉽게' 작성하면 된다고 안내하고 있습니다.

국립국어원에서도 위의 인사말을 꼭 써야 하는지, 인사말에 정해진 문구가 있는지와 관련하여 명확히 규정된 것이 없으므로 관습을 고려하여 쓰라고만 안내하고 있습니다.

참고로 국립국어원에 감수 요청을 하여 회신받은 공문을 보면 다음과 같이 "귀 기관이 무궁히 발전하기를 기원합니다"라는 인사말을 볼 수 있습니다. 따라서 형식적이지만 외부 기관에 공문을 발송할 때는 인사말을 쓰는 것을 권장합니다.

예) 귀 기관의 무궁한 발전을 기원합니다. 귀 기관이 무궁히 발전하기를 기원합니다.

 사람이 있는 문화
국립국어원

수신   경상북도교육감(유초등교육과장)
(경유)
제목   공공언어 감수 결과 알림(업무에 바로 쓰는 공공언어)

1. 귀 기관이 무궁히 발전하기를 기원합니다.
2. 경상북도교육청 유초등교육과-10598호(2020. 7. 10.)와 관련하여 공공언어 감수 결과를 붙임과 같이 알려 드립니다.
3. 또한, 국립국어원 공공언어 감수 지원 사업의 원활한 추진에 참고하고자 하오니 감수 기간 반영 결과와 만족도 실문 결과를 회신해 주시면 고맙겠습니다. 회신이 많을 경우 앞으로 감수 지원이 어려울 수 있음을 이해해 주시기 바랍니다.

팁(TIP)

표준국어대사전에 '귀사(貴社)', '귀교(貴校)', '귀댁(貴宅)'은 한 단어로 등재되어 있으며, 상대편의 '회사', '학교', '집안'을 높여 쓰는 말로 안내하고 있습니다.

즉, '귀사', '귀교', '귀댁'은 한 단어이므로 붙여 씁니다. 붙여 쓰는 이 3가지를 꼭 외우기 바랍니다. 이 3가지를 제외하고 나머지 '귀 ○○'은 전부 띄어 쓰면 됩니다.

예 귀∨기관, 귀∨원

수신 ○○학교장
(경유)
제목 소속 직원 출강 협조 요청

1. 귀 교의 무궁한 발전을 기원합니다.
   귀교
2. ○○대학교 산학협력단 직원 역량 강화 교육을 위해 귀 교 소속 직원의 출강을 요청하오니 대상자가 출강할 수 있도록 협조하여 주시기 바랍니다.
   가. 교육명: ○○대학교 산학협력단 직원 역량 강화 과정 '공문서 작성법' 교육
   나. 출강 요청 대상자: ○○중학교 ○○○
   다. 일시: 2025. 7. 9.(수) 14:00~17:00
   라. 장소: 실시간 온라인 교육(Zoom). 끝.

3개의 회사와 3개의 학교를 표현할 때 '3사', '3교'보다는 '3개사', '3개교'로 표현하는 것이 자연스럽습니다.

13. 가독성 있게 한 줄 띄어쓰기

　행정안전부의 "행정업무운영 편람"에서는 "가독성을 위하여 본문 항목 사이 위와 아래 여백을 자유롭게 조정할 수 있다"(한 줄 띄기 가능, 줄 간격 및 위아래 여백을 자유롭게 설정 가능)라고 규정하고 있습니다.

　지방자치인재개발원의 "행정업무운영실무"에서는 "문서의 가독성을 높이기 위하여 필요한 경우 본문의 단락과 단락 사이, 또는 본문과 붙임 사이를 한 줄씩 띄어 쓸 수 있다"라고 구체적인 띄어쓰기 예시를 다음과 같이 제시하고 있습니다.

```
수신∨∨○○○장관(○○○과장)
(경유)
제목∨∨○○○○○
```

1.∨○○○○○○○○○○○
∨∨가.∨○○○○○○○○○○
　　∨∨1)∨○○○○○○○○○○
　　　∨∨가)∨○○○○○○○○○○
　　　　∨∨(1)∨○○○○○○○○○○
　　　　　∨∨(가)∨○○○○○○○○○○

2.∨○○○○○○○○○○○○○○○○○○○○○○○○○○○○○○○○○○○○○○
○○○○○○○○○○○○○○○○○○○○○○

붙임∨∨○○○○○○○○○○○∨1부.∨∨끝.

　우리가 작성하는 일반기안문은 상급자가 결재하고, 그중 일부는 대국민 공개가 되고 있습니다. 공문을 읽는 사람 입장에서 보기 좋게 본문의 항목 사이를 한 줄 띄우는 것도 좋은 방법입니다.

<수정 전>

수신 수신자 참조
(경유)
제목 ○○○○○

1. 귀교의 무궁한 발전을 기원합니다.
2. 관련: 총무과-1234(2025. 1. 2.)
3. ○○대학교에서는 교원을 대상으로 ○○ 직무 연수를 진행하오니 많은 참여 부탁드립니다.

　가. 연수 기간: 2025. 1. 31.(금)~2. 10.(월)
　나. 신청 기간: 2025. 1. 9.(목)~1. 13.(월)

<수정 후>

수신 수신자 참조
(경유)
제목 ○○○○○

1. 귀교의 무궁한 발전을 기원합니다.

2. 관련: 총무과-1234(2025. 1. 2.)

3. ○○대학교에서는 교원을 대상으로 ○○ 직무 연수를 진행하오니 많은 참여 부탁드립니다.
　가. 연수 기간: 2025. 1. 31.(금)~2. 10.(월)
　나. 신청 기간: 2025. 1. 9.(목)~1. 13.(월)

　가독성을 위해서 본문 항목 사이 위와 아래 여백을 조정할 때는 첫째 항목 기호인 숫자들 사이를 한 줄씩 띄웁니다.

14. 관련 근거를 작성하는 방법

관련 근거는 '관련', '관련∨근거', '근거' 등으로 표기할 수 있으나, '관련'이란 표현으로 많이 사용하고 있습니다.

관련 근거는 문서생산기관의 명칭과 생산등록번호를 적고, 생산날짜와 제목을 표기합니다.

예 1. 관련: ○○○과-123(2024. 12. 21.)∨"○○ 행사 관련 협조 요청"

이때 괄호 안에 생산날짜와 제목을 표기할 수도 있습니다.

예 1. 관련: ○○○과-123(2024. 12. 21.,∨"○○ 행사 관련 협조 요청")

아래 예시처럼 제목을 먼저 작성하지 않습니다.

예 1. 관련: "○○ 행사 관련 협조 요청"(○○○과-123, 2024. 12. 21.) (×)

아래 2가지 형태로도 작성할 수 있습니다.

예 1. 행정안전부 정보공개정책과-123(2024. 12. 21.)호와 관련됩니다.

예 1. 행정안전부 정보공개정책과-123(2024. 12. 21., "○○ 행사 관련 협조 요청")호와 관련됩니다.

기관 내에서는 기관명을 제외하고 '처리과명-연도별 일련번호(시행일)' 형태로 작성합니다.

예 1. 정보공개정책과-123(2024. 12. 21.)호와 관련됩니다.

다음 중 '관련 근거' 표기 방법이 틀린 것은?

① 1. 관련: ○○○과-123(2025. 12. 21.) "○○행사 관련 협조 요청"
② 1. ○○○과-123(2025. 12. 21., "○○행사 관련 협조 요청")호와 관련됩니다.
③ 1. 관련: ○○○과-123(2025. 12. 21., "○○행사 관련 협조 요청")
④ 1. 관련: ○○○과-123(2025. 12. 21., "○○행사 관련 협조 요청")호와 관련됩니다.

정답은 ④번입니다. ④번은 '관련'이 두 번 들어갔기 때문에 중복된 표기입니다. ④번의 "호와 관련됩니다"와 같은 표현 방법은 뒤에서 자세하게 설명하겠습니다. ①번은 일반적으로 가장 많이 쓰는 표기 방법입니다. ②번은 지방자치단체의 공문에서 흔히 볼 수 있는 표현입니다. ③번은 2020년 "행정업무운영 편람"에서 제시한 새로운 표기 방법입니다.

관련 근거에 '호'를 붙이나요?

관련 근거는 발송된 공문 결문의 '시행'에 있는 '처리과명-연도별 일련번호(시행일)'를 작성합니다.

예 1.∨관련:∨총무과-1980(2023.∨2.∨1.)

시행 번호의 날짜 표기는 '2023.02.01.'로 되어 있는데요?

시스템의 문제입니다. 공문 하단의 시행 날짜에 '0'이 표시되어 있더라도 공문서 본문에서 날짜를 표기할 때는 '0'을 쓰지 않습니다.

관련 근거를 작성할 때 '생산등록번호(시행일)' 뒤에 (제목을 별도로 표기하든 안 하든) '호'를 표시하지 않습니다.

예 1. 관련:∨총무과-1980(2025.∨2.∨1.)호(×)

　　1. 관련:∨총무과-1980(2025.∨2.∨1.)(○)

다만, 생산등록번호 뒤에 시행일을 표시하고 문맥 흐름상 앞말과 뒷말을 부드럽게 이어주는 '호'는 표시할 수 있습니다.

예 1. 총무과-1980(2025.∨2.∨1.)호에 따라(○)

제목 폭염 재난 위기 경보 단계 하향 조정 알림

---

1. 관련: ○○○부 ○○○과-2331(2025. 9. 2.)호
2. 위 호와 관련하여 폭염 재난 위기 경보 수준이 '경계'에서 '관심'으로 하향 조정(2025. 9. 2. 09:00)되었음을 알려드리며, 남은 폭염 대책 기간까지 기관별 임무와 역할 수행에 허술함이 없도록 하여 주시기 바랍니다.

관련 근거가 두 줄 이상인 경우 정렬하는 방법은?

관련 근거가 2개 이상일 때 아래 예시처럼 '1. 관련'을 작성하고 다음 줄에 순서대로 '가.', '나.'로 작성하는 것이 일반적입니다.

수신 수신자 참조
(경유)
제목 청렴 교육 이수 실적 제출

1. 관련
    가. 「부정청탁 및 금품등 수수의 금지에 관한 법률 시행령」 제42조
    나. 「○○○○교육청 공무원 행동강령」 제22조

위 질문은 관련 근거가 두 줄 이상으로 길게 연결될 경우 어디에 맞추어 정렬하는지를 묻고 있습니다.

'공문서의 작성 방법 개선·시행 알림'(행정안전부 2017. 11. 1. 시행)에 "항목이 두 줄 이상인 경우에 둘째 줄부터는 항목 내용의 첫 글자에 맞추어 정렬한다"라고 되어 있습니다.

또한, 행정안전부에서는 "관련 근거가 두 줄 이상이고 쌍점(:)이 있는 경우에도 둘째 줄부터는 항목 내용의 첫 글자에 맞추어 정렬한다"라고 안내하고 있습니다.

즉, 관련 근거가 두 줄 이상인 경우 쌍점(:)의 유무와 상관없이 항목 내용의 첫 글자에 맞추어 정렬하는 것이 원칙입니다.

1. ∨관련:∨○○담당관-○○○○(2025.∨6.∨10.),∨○○담당관-○○○○(2025.∨6.∨12.), ○○과-○○○○(2025.∨6.∨13.),∨○○○과-○○○○(2025.∨6.∨16.)

2. ∨관련:∨○○담당관-○○○○(2025.∨6.∨10.),∨○○담당관-○○○○(2025.∨6.∨12.), ○○과-○○○○(2025.∨6.∨13.),∨○○○과-○○○○(2025.∨6.∨16.)

정답은 2번입니다.
관련 근거가 두 줄 이상이고 쌍점(:)이 있는 경우에도 둘째 줄부터는 항목 내용의 첫 글자에 맞추어 정렬합니다.

같은 부서에서 공문이 2개 왔을 때 작성 방법은?

같은 부서에서 공문이 2개 왔을 때는, 아래 예시처럼 연도별 일련번호 순서대로 작성합니다. 같은 부서일 경우에도 부서명을 생략하지 않습니다.

1. 관련: 총무과-123(2025. 7. 10.), 총무과-134(2025. 7. 17.)(○)
1. 관련: 총무과-123(2025. 7. 10.), -134(2025. 7. 17.)(×)

'관련 근거'가 여러 개일 때 배열하는 순서는?

관련 근거가 여러 개일 때 특별한 규정이 없기 때문에
"헌법은 법률에, 법률은 시행령에 우선하여 적용된다"라는 '상위법 우선의
원칙'을 적용하여 배열합니다.
또한, 공문은 연도별 일련번호 순서대로 작성합니다.

1. 관련
   가. 「○○법」 제1조
   나. 「○○법 시행령」 제1조
   다. 「○○법 시행규칙」 제1조
   라. ○○과-1111(2024. 4. 11.)
   마. ○○과-1234(2024. 5. 14.)

'~호 관련입니다'는 올바른 표기인가요?

대표적인 표현 방법은 아래 4가지가 있습니다.
~호와 관련됩니다.
~호와 관련된 문서입니다.
~호와 관련합니다.
~호 관련입니다.

'~호와 관련됩니다', '~호와 관련된 문서입니다', '~호와 관련합니다'는 올바른 표기 방법입니다. 다만, '~호 관련입니다'는 "어색한 표현이다"라는 의견과 "쓸 수 있는 표현이다"라는 의견 차가 있습니다.

위와 같은 표현을 쓰고자 한다면 행정안전부의 "행정업무운영 편람"에서 예시문으로 명확하게 제시하고 있는 '~호와 관련됩니다'로 작성하면 절대 틀릴 일이 없습니다.

예 ○○과-1234(2025.∨7.∨15.)호와 관련됩니다.

'관련'과 '귀 기관의 무궁한 발전을 기원합니다' 작성 순서는?

행정안전부와 국립국어원에서는 이와 관련하여 정해진 사항이 없다고 안내하고 있습니다.

관련 규정이 없으므로 관습적인 측면에서 본다면 '1. 귀 기관의 무궁한 발전을 기원합니다.'(인사말), '2. 관련'(무엇과 관련하여), '3. 우리 기관에서는'(본론) 순서대로 작성하는 것이 가장 자연스럽습니다.

수신 ○○학교장

(경유)

제목 ○○대학교 교육과정 강사 초빙 협조 요청

1. 귀 기관의 무궁한 발전을 기원합니다.
2. 관련: ○○대학교-1140(2025. 4. 27.)
3. ○○대학교에서는 표준화된 공문서 작성법 학습으로 실무능력 향상을 위해 '행정 문서 바르게 알고 쓰기' 과정을 개설할 예정입니다.

15. 법령명의 표기 방법

    법령명의 표기 방법은 법제처에 등재된 표기 그대로, 띄어쓰기 기준에 따라 띄어 쓰고 법령 이름 앞뒤에 홑낫표(「」)를 붙입니다. 이때 작은따옴표를 쓸 수도 있습니다.

   예 「공유재산∨및∨물품∨관리법」

   예 「보조금∨관리에∨관한∨법률」

   예 「국가를∨당사자로∨하는∨계약에∨관한∨법률」

    하위 법령임을 나타내는 명칭은 띄어 씁니다.

   예 ∨시행령, ∨시행규칙, ∨규정

법령명을 줄여 쓰기로 정했다면 줄임말에는 홑낫표(「」)를 사용하지 않습니다.

예 「청탁금지법」

⇨ 「부정청탁 및 금품등 수수의 금지에 관한 법률」, 청탁금지법

예 「지방계약법」

⇨ 「지방자치단체를 당사자로 하는 계약에 관한 법률」, 지방계약법

예 「국가계약법」

⇨ 「국가를 당사자로 하는 계약에 관한 법률」, 국가계약법

16. 법령명과 조항 사이 띄어쓰기

'관련'에서 법령의 조항을 표기할 때 띄어쓰기는?
1. 관련: 「지방공무원법」∨제1조제2항
1. 관련: 「지방공무원법」제1조제2항

법제처의 "법령 입안 심사 기준"에서 '법령의 제명'과 '조항'은 띄어 쓰고 있습니다.
1. 관련:「지방공무원법」∨제1조제2항

17. 법령문에서 '조, 항, 호, 목' 번호의 띄어쓰기

법령문에서 '각 조, 각 항, 각 호, 각 목'은 '제3조제2항제1호가목'처럼 붙여 씁니다.

대한민국 법원 누리집에서 '주요 판결'을 검색해 보면 대법원의 주요 판결문은 '제3조∨제2항∨제1호∨가목'처럼 '각 조, 각 항, 각 호, 각 목'을 띄어 쓰고 있습니다.
또한, 국립국어원에서는 '제3조제2항'보다는 '제3조∨제2항'으로 띄어 쓰는 것이 가독성이 더 높다고 안내하고 있습니다. 이러한 것들을 고려하여 "띄어 쓰는 것이 올바른 표기법이 아니냐?"라고 하는 분이 있습니다.

법제처의 "알기 쉬운 법령 정비 기준"에서는 '제3조제2항제1호가목'처럼 붙여 쓰도록 안내하고 있고,「행정업무의 운영 및 혁신에 관한 규정」을 예로 든다면, 규정에서 '조, 항, 호, 목'은 모두 붙여 쓰고 있습니다.

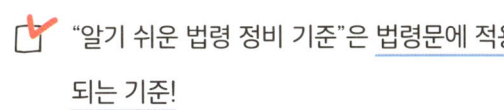

"알기 쉬운 법령 정비 기준"은 법령문에 적용되는 기준!
법령문 외의 글에서는 띄어 쓰는 것이 가능

이와 관련하여 법제처 알기쉬운법령팀의 의견은 다음과 같습니다.

"알기 쉬운 법령 정비 기준"에서는 '조, 항, 호, 목'의 번호는 하나의 명칭 또는 의미 단위로 보아 붙여 쓰도록 하고 있습니다.

다만, "알기 쉬운 법령 정비 기준"은 법령문을 알기 쉬운 용어와 문장으로 작성할 때 필요한 참고 사항을 정리한 것으로서 법령문에 적용되는 기준입니다. 법령문 외의 글에서는 띄어 쓰는 것이 가능합니다.

팁(TIP)

법령의 '조항호목'을 읽는 방법

제22조제1항

행정업무의 운영 및 혁신에 관한 규정

제22조(업무관리시스템의 구성 및 운영) ① 업무관리시스템에는 행정기관 업무의 기능별 단위 과제의 담당자 · 내용 · 추진실적 등을 기록 · 관리하기 위한 카드(이하 "과제관리카드"라 한다)와 문서의 작성 · 검토 · 결재 · 등록 · 공개 · 공유 등 문서처리의 모든 과정을 기록 · 관리하는 카드(이하 "문서관리카드"라 한다) 등이 포함되어야 한다. 이 경우 문서관리카드는 다음 각 호의 사항을 포함하여야 한다.
1. 기안 내용
2. 의사결정 과정에서 제기된 의견, 수정 내용과 지시 사항
3. 의사결정 내용
② 제1항과 제2항에서 규정한 사항 외에 업무관리시스템의 구성 및 운영 등에 필요한 세부사항은 행정안전부령으로 정한다.

제22조제1항제1호

18. 문서등록번호 작성 방법

문서번호는 생산등록번호와 접수등록번호가 있으며, 등록번호는 처리과명과 연도별 일련번호로 구성됩니다.

예) ○○과-1234
    (처리과명) (연도별 일련번호)

처리과가 없는 행정기관은 행정기관명을 표시합니다.

일련번호는 연도 표시 없이 등록된 순서에 따라 번호를 부여합니다.

예) ○○초등학교-1234

행정기관명이 10자가 넘는 경우에는 10자 이내의 행정기관명의 약칭을 표시합니다.

일련번호는 연도 표시 없이 등록된 순서에 따라 번호를 부여합니다.

예 ○○**출장소**-55

※ ○○국도유지건설사무소○○출장소의 약칭

'○○초등학교'는 행정기관명(학교명)이 10자가 넘지 않기 때문에 '○○초'처럼 약칭으로 표기하지 않습니다.

예 ○○초-1234 (×)

19. 날짜를 가장 쉽고 정확하게 작성하는 방법

공문서에서 날짜 표기의 근거 규정을 살펴보겠습니다.

행정업무의 운영 및 혁신에 관한 규정

제7조(문서 작성의 방법)
⑤ **문서에 쓰는 날짜는 숫자로 표기하되, 연, 월, 일의 글자는 생략하고 그 자리에 온점을 찍어 표시하며**, 시·분은 24시각제에 따라 숫자로 표기하되, 시·분의 글자는 생략하고 그 사이에 쌍점을 찍어 구분한다. 다만, 특별한 사유가 있으면 다른 방법으로 표시할 수 있다.

즉, 날짜는 숫자에 마침표(온점)를 찍어 표기해야 합니다.

지금부터 공문서에서 날짜를 표기하는 가장 쉬운 방법을 알려드리겠습니다.

오늘 날짜를 '2025년 7월 10일'이라고 가정합니다.

옆에 있던 친구가 갑자기 묻습니다.

"오늘이 며칠이야?"

이 질문에 여러분은 어떻게 대답하시나요?

"2025년 7월 10일"이라고 대답할 것입니다.

그런데 혹시 이렇게 대답하는 분이 있으신가요?

"2025년 07월 10일"

7월 앞에 0을 붙여서 읽는 분은 없을 것입니다.

여기에서 공문에 쓰는 날짜에는 앞에 '0'을 붙이지 않는다는 사실을 알 수 있습니다.

이제 메모지에 한글로 날짜를 적어보십시오. 7월에 '7'이라는 숫자가 한 글자라고 해서 '07월'로 작성하는 사람은 없겠죠? '2025년7월10일'처럼 붙여서 작성하는 사람도 없습니다. '2025년 7월 10일'이라고 쓰는 것이 올바른 표기입니다.

여기에 「행정업무의 운영 및 혁신에 관한 규정」을 그대로 적용합니다.

"날짜는 숫자로 표기하되 '연, 월, 일'의 글자는 생략하고 그 자리에 마침표를 찍어 표기합니다."

이렇게 '2025년 7월 10일'로 쓴 상태에서 '연, 월, 일' 자리에 마침표만 찍으면 공문서 날짜의 형식이 됩니다.

2025년 7월 10일(○) → 2025.∨7.∨10.(○)

2025.07.10.(×), 2025. 07. 10.(×), 2025. 7.10.(×)

그림에서 오른쪽 사람이 '일' 대신 찍은 마침표를 가리키고 있습니다. 흔히 하는 실수가 마지막 마침표를 잘 찍지 않는다는 것입니다. 이 마침표를 찍지 않으면 '연, 월, 일'에서 '일'이 없는 것과 같습니다. 반드시 마지막 마침표까지 빠트리지 않고 찍어야 합니다.

팁(TIP)

날짜를 2개 이상 나열할 때

날짜를 나열할 때 아래와 같이 쉼표(,)나 조사 '과'를 사용할 수 있습니다.

2025.∨4.∨5.,∨2025.∨4.∨12.

2025.∨4.∨5.과∨2025.∨4.∨12.

'연, 월, 일' 대신에 마침표를 찍어 표기하는데 이때는 표기 방식을 통일합니다.

2025. 1월~2025. 4월 ⇨ 2025. 1.~2025. 4.

○○○○

수신 수신자 참조
(경유) 12. 17.
제목 ⓛ2. 17⑪ 서해안 대설 대비 사전 안전관리 및 예방 활동 강화

1. ○○부 ○○과-4298(2022. 12. 15.)호와 관련됩니다.

2. 서해상 해기차에 따른 구름대의 영향으로 2022. 12. 17.(금) 09:00부터 18:00까지 경상권을 중심으로 많은 눈이 내리고 대설 특보 가능성이 있을 것으로 전망됩니다.

기간을 표기하면서 중복되는 부분을 생략하고 '월'이나 '일'을 나타낼 때는 글자 대신 마침표를 쓸 수 있습니다.

2025년 6월 10일~2025년 7월 20일 ⇨ 2025.ⱽ6.ⱽ10.~7.ⱽ20.
2025년 5월~7월 ⇨ 2025.ⱽ5.~7.
7월 13일~31일 ⇨ 7.ⱽ13.~31.

'초(初)'는 '어떤 기간의 처음이나 초기'를, '중(中)'은 '무엇을 하는 동안'을, '말(末)'은 '어떤 기간의 끝이나 말기'를 의미합니다. '초(初)', '중(中)', '말(末)'은 앞말과 띄어 씁니다.

내년˅초 / 4월˅중 / 2025년˅말

2025.˅5.~7.˅초 / 2025.˅5.~7.˅중 / 2025.˅5.~7.˅말

마침표는 '연, 월, 일'이라는 단위명사를 대신하여 적는 것이므로 한글로 적는 것과 동일하게 띄어쓰기를 적용해야 합니다. 따라서 '기준'은 앞말과 띄어 씁니다.

2025.˅4.˅12.˅기준

20. 공문 제목은 큰따옴표, 작은따옴표?

1. 관련:∨재무과-1519(2025.∨1.∨28.)∨"일상 경비 교부 계획 안내"

공문에서 제목을 반드시 표기해야 하는 것은 아닙니다. 제목을 별도로 표기해야 할 필요가 있을 때 표기하면 됩니다. 어떤 기관은 제목을 묶을 때 작은따옴표('')를 사용하고, 다른 기관에서는 내부 지침으로 홑낫표(「」)로 정하여 사용하는 경우도 있습니다. 기관마다 차이가 있기 때문에 실무자들이 정확한 규정이 무엇인지 궁금해하는 것입니다.

공문 제목을 묶는 문장부호를 묻는 질문에 행정안전부와 국립국어원에서는 다음과 같이 답변하고 있습니다.

행정안전부에서는 말이나 글을 직접 인용하는 것이므로 큰따옴표("")로 묶는다고 하였고, 국립국어원에서는 강조의 의미이므로 작은따옴표('')로 묶는다고 안내하고 있습니다.

서울특별시교육청교육연수원에서 제작한 '키워드로 골라 듣는 직무 콕 강의' 유튜브에서는 제목은 작은따옴표('')로 묶는 것으로 안내하고 있습니다.

행정안전부에서 2018년에 발간한 "행정업무운영 편람"에는 이 내용이 없었지만, 2020년 개정판에는 관련되는 다른 공문서의 표기 방법을 다음과 같이 큰따옴표("")로 묶어서 구체적으로 명시하였습니다.

예 1. 관련: ○○○과-123(2025. 12. 21., "○○행사 관련 협조 요청")

21. '위 호 관련'으로 쓸 수 있나요?

공문에서 '위[上]'는 뒷말과 띄어 씁니다. '위 호 관련'보다는 '위 호와 관련하여'처럼 적절한 조사나 어미를 써서 문장의 의미를 명확하게 표현합니다.

'위∨호와 관련하여' 또는 '위∨호에 따라'와 같이 작성하면 됩니다.

위호 관련 ⇨ 위∨호와 관련하여/위∨호에 따라

(동법, 동조) 제1조에 의거/의거하여 ⇨ (같은∨법, 같은∨조) 제1조에 따라/따라서

규정에 의하여 ⇨ 규정에 따라

'동법', '동조'라는 용어는 법제처의 "알기 쉬운 법령 정비 기준"에 따라 '같은∨법', '같은∨조'로 순화되었습니다. '~에 의거/의거하여/의하여' 등의 한자어는 쉬운 우리말인 '~에 따라/따라서'로 순화되었습니다.

'동 건'보다는 '이 건'으로 쓰는 것처럼 한자어 '동'보다는 순우리말인 '이'를 권장하고 있습니다. 공문에서 '동'이란 글자가 나오면 일단 의심해 봐야 합니다. '동'이란 글자는 공문에서 잘 쓰지 않는 표현이기 때문입니다.

'1. 관련'부터 '2. 위 호와 관련하여'까지 한번 작성해 볼까요?

제목 2025년도 …… 참석자 명단 제출　　　　　　　　　　①
1. 관련: 총무과-11111(2025. 8. 11.) 2. 위ⱽ호와ⱽ관련하여 2025년도 ……
제목 2025년도 …… 참석자 명단 제출　　　　　　　　　　②
1. 관련: 총무과-11111(2025. 8. 11.) 2. 위ⱽ호에ⱽ따라 2025년도 ……
제목 2025년도 …… 참석자 명단 제출　　　　　　　　　　③
1. 관련: 총무과-11111(2025. 8. 11.) 2. 2025년도 ……

①번과 ②번 형식으로 작성해도 되고, ③번처럼 '위 호와 관련하여/위 호에 따라'라는 표현 없이 제목부터 바로 작성해도 됩니다.

'관련'과 '위 호와 관련하여'에서 '관련'은 중복된 표기인가요?

제목∨∨2025년도 ········ 참석자 명단 제출

1. **관련**: 총무과-11111(2025. 8. 11.)
2. 위∨호와∨**관련**하여 2025년도 ······

'1.'에서 '관련'이 나오고 '2.'에서도 '관련'이 나오는 표기 방법과 관련하여 행정안전부에 중복된 표현인지 질의해 보았습니다.

답변은 「행정업무의 운영 및 혁신에 관한 규정」에 구체적으로 정한 사항이 없어 '간결하고 명확하게, 이해하기 쉽게' 작성하면 된다고 안내하고 있습니다.

다만, '위 호와 관련하여'는 공문서 작성 관련 지침서에서 명확하게 제시하고 있는 방법입니다. 따라서 위 표현은 중복된 표기로 볼 수 없고 위 예시 그대로 작성하면 됩니다.

22. 우리 기관은/우리 기관에서는

'우리 기관은', '우리 기관에서는' 모두 쓸 수 있는 표현입니다. 공문을 작성할 때 '우리 기관은', '우리 학교는'이라는 표현으로 문장을 시작할 때가 있습니다. 이때 '우리'는 뒷말과 띄어 씁니다. 예 우리∨기관, 우리∨학교

우리나라, 우리말, 우리글

'우리나라', '우리말', '우리글'은 하나의 단어입니다. 이 3가지는 반드시 외우고 붙여 써야 합니다.

> **팁(TIP)**
>
> '우리나라, 우리말, 우리글' <암기하기!>

23. '부분'과 '부문' 구분하기

'부분'과 '부문'은 어떻게 구분할까요?

'부분'은 전체 중의 일부를, '부문'은 각각의 분야를 의미합니다.

부분: 전체를 이루는 작은 범위 또는 전체를 몇 개로 나눈 것의 하나
예 썩은 부분을 잘라 내다.

부문: 일정한 기준에 따라 분류하거나 나누어 놓은 낱낱의 범위나 부분
예 자연과학은 여러 부문으로 나뉜다.

- 국립국어원 표준국어대사전

24. '하고 있는'을 뜻하는 '~중'의 띄어쓰기

공문서에서 일반적으로 사용하는 '~중'은 '하고 있는'의 뜻이므로 앞말과 띄어 씁니다.

이∨중에, 회의∨중, 작업∨중, 추진∨중

다만, 아래의 경우는 표준국어대사전에 한 단어로 등재된 합성어로 붙여 씁니다.

부재중, 무의식중, 한밤중, 은연중, 그중

25. '~로 인하여' 번역 투와 사동 표현 삼가기

'~(으)로 인하여'

행정안전부에서 '안전 안내 문자'가 왔습니다. "내일까지 태풍으<u>로 인한</u> 강한 비와 바람이 예상됩니다." 이 문장에는 번역 투 표현인 '~로 인한'이 포함되어 있습니다. 이 표현을 제외하고 다시 읽어보겠습니다. "내일까지 태풍으로 강한 비와 바람이 예상됩니다." 전혀 어색하지 않다는 것을 아셨을 것입니다.

> [행정안전부] 내일까지 태풍으로 인한 강한 비와 바람이 예상됩니다.
> 해안가·방파제·계곡·하천·공사장 등 위험지역 방문을 자제하여 개인 안전관리에 유의하기 바랍니다.

'~로'만 써도 충분한데, '~로 인한'은 번역 투 표현이므로 지양해야 합니다.

금융경제상의 위기**로 인하여** ⇨ 금융경제상의 위기**로**

불필요한 사동 표현 '~시켜' 쓰지 않기

구체화시켜 ⇨ 구체화해

소개시켜 ⇨ 소개하여

부담을 경감시키고 ⇨ 부담을 경감하고(줄이고)

~에 확산시킬 계획입니다 ⇨ ~에 확산할 계획입니다

 규칙을 개정할 때 '개정함에 있어'는 어떻게 바꿔 써야 하나요?

'~에 대하여', '~에 있어' 등은 불필요한 번역 투 표현이므로 삼갑니다.

직원들에 대하여 ⇨ 직원들에게
선정된 점포에 대해서는 ⇨ 선정된 점포에는
이번 선거에 있어서 ⇨ 이번 선거에서
품질에 있어서 ⇨ 품질에 관하여/품질 면에서
학교를 운영함에 있어서 ⇨ 학교를 운영할 때

아래 예시에서 '개정함에 있어'는 '개정하는데'로 다듬어 씁니다.

수신 수신자 참조
(경유)
제목 ○○○교육청 행정기구 설치 조례 시행규칙 일부개정규칙안

---

1. 관련: 「행정절차법」 제41조

2. 「○○○교육청 행정기구 설치 조례 시행규칙」의 일부를 <mark>개정함에 있어</mark> 그 취지와 주요 내용을 미리 알려 의견을 듣고자 아래와 같이 입법예고하오니, 의견이 있을 경우 2025. 7. 31.(목)까지 제출하여 주시기 바랍니다.

→ 개정하는데

'개정하다' 뒤에 어떤 일을 설명하거나 묻거나 제안하기 위하여 그 대상과 상관되는 상황을 미리 말할 때 쓰는 연결어미 '-는데'를 붙여 '일부를 개정하는데'로 다듬어 씁니다.

26. '아래 같이' 다음에 '-아래-'를 표기하나요?

내용과 세부 내용 사이에는 '-아래-', '-다음-'을 쓰지 않고 바로 세부 내용을 작성합니다. '아래와 같이', '다음과 같이' 다음에 '-아래-', '-다음-'을 쓰는 것은 중복된 표현이기 때문입니다.

국립국어원 표준국어대사전에서 '다음'은 '뒤따르는 것'을, '아래'는 '글에서 뒤에 오는 내용'을 뜻한다고 되어 있는데, 두 단어에 차이가 있다고 보기는 어렵습니다. 공문서에서는 특별히 두 표현을 구분해서 쓰지 않으므로 사용하고 싶은 단어를 선택해서 쓰면 됩니다.

다음 예시를 보겠습니다. 본문에서 '아래와 같이'를 쓰고 다음 줄에 '-아래-'를 쓰고 있습니다. '-아래-' 없이 본문을 바로 작성하면 됩니다.

수신 수신자 참조

(경유)

제목 위탁 교육 운영 계약 체결 요청

우리 부 직원들의 정보화 및 사무자동화(OA) 능력 향상을 위해 2025년 상반기 정보화 교육을 추진할 계획입니다. 이 교육의 위탁 운영을 위한 계약 체결을 아래와 같이 요청하오니 협조하여 주시기 바랍니다.

1. 교육 내용: 한글, 엑셀, 파워포인트
2. 교육 대상: 본부 직원
3. 교육 일정: 2025. 4. 1.(화)~4. 30.(수)
4. 위탁 기관: ㈜○○○○

27. '실시하다'를 '하다'로 순화해서 써야 하나요?

공문을 작성하다 보면 '실시'라는 단어를 종종 쓰게 됩니다. 이 '실시'라는 단어가 국립국어원의 '다듬은 말'에서 다른 단어로 순화되어 있지 않을까 하는 생각도 듭니다.

공문서 관련 지침서를 보면 '실시하다'를 쓰는 것보다 '하다'를 쓰는 것이 더 자연스럽다고 안내하는 것도 있습니다. 다만, 현재 '실시'라는 단어가 국립국어원의 '다듬은 말'에서 검색했을 때 순화 대상어로 나오는 단어는 아니며, 공문서에 나오는 '실시하다' 모두를 '하다'로 대체할 수 있는 것도 아닙니다.

다음 예시처럼 실제로 행정안전부의 "행정업무운영 편람"에서도 '문서관리 교육을 다음과 같이 실시하오니'처럼 '실시'라는 단어를 사용하고 있습니다.

<"행정업무운영 편람" 예시문>

수신ⅤⅤ○○○장관(○○○과장)

제목ⅤⅤ○○○○○

문서관리 교육을 다음과 같이 실시하오니 각 부서의 문서관리 담당자께서는 반드시 참석하여 주시기 바랍니다.

따라서 '실시하다'보다 '하다'를 사용하는 것이 좋겠지만, 필요한 경우에는 '실시하다'로 작성할 수 있습니다.

실시하다: 실제로 시행하다. 「비슷한말」 실행하다(實行하다)

예 찬반 투표를 실시하다. 대피 훈련을 실시하다. 학교 급식을 실시하다.

하다: 사람이나 동물, 물체 따위가 행동이나 작용을 이루다.

예 운동을 하다. 사랑을 하다. 공부를 하다.

- 국립국어원 표준국어대사전

28. '하오니/하니', '위하여/위해', '하여야/해야'

3가지 모두 공문에서 사용할 수 있는 표현입니다.

'하오니'의 '오'는 공손함의 표현으로 사전에 등재되어 있습니다. 참고로 공문서는 공적 문서로 존칭 어미 '시'를 쓰고 '바랍니다'만으로도 충분하다는 의견과 공손함의 '오'까지 쓰면 표현이 더욱 부드러워질 수 있다고 보는 의견도 있습니다.

'위해'는 '위하여'의 준말입니다. '위하여, 위해, 위해서'는 의미상의 차이는 없습니다. 참고로 '위하여'보다는 '위해' 또는 '위해서'와 같은 형태를 더 많이 쓰고 있습니다. 마찬가지로 '해야'는 '하여야'의 준말입니다. '하여야'보다는 '해야'의 준말 형태가 더 자연스럽다는 의견도 있습니다.

위 표현들은 공문에 모두 사용할 수 있는 표현이므로 선택하여 작성하면 됩니다.

29. 중요한 부분을 강조하는 방법은?

　공문서에서 중요한 부분은 작은따옴표의 사용, 밑줄 긋기, 글씨를 굵게 표시하는 방법 등으로 강조할 수 있습니다.

1. 작은따옴표('')사용

　예) 다음 중 명사가 '아닌' 것은?

2. 밑줄 긋기

　예) <u>2025. 1. 16.</u>까지 제출해 주시기 바랍니다.

3. 글씨를 굵게

　예) **2025. 1. 16.**까지 제출해 주시기 바랍니다.

30. '아울러' 다음에 쉼표를 찍나요?

'아울러' 다음의 쉼표 여부는 공문을 작성하는 사람이 판단합니다.

접속사 다음에 쉼표를 찍는 것과 안 찍는 것은 다음과 같이 구분할 수 있습니다.

아울러/또한/단/다만/특히/반면/한편

쉼표를 붙일 수도, 안 붙일 수도 있습니다.(글쓴이가 판단합니다.)

첫째, 둘째, 셋째, 먼저, 다음으로, 마지막으로,

쉼표를 붙입니다.(열거의 순서를 나타내는 어구 다음에)

<u>그리고/그러나/그런데/그러므로</u>

쉼표를 붙이지 않는 것이 자연스럽습니다.(일반적으로 쓰이는 접속어 뒤에)

정훈 <u>그리고</u> 동근, 태원, 덕호까지……

정훈, 동근, 태원 <u>그리고</u> 덕호까지……

그리고 앞에는 쉼표를 붙이지 않는 것이 자연스럽습니다.

책의 서문<u>, 곧</u> 머리말에는

원만한 인간관계는 말과 관련한 예의<u>, 즉</u> 언어 예절을

(한 문장 안에서) '곧', '즉', '다시 말해', '이를테면' 앞에는 쉼표를 붙입니다.

<u>다시 말해,/다시 말해</u> 선입견은 틀릴 때가 더 많다는 것이 내 경험이다.

<u>이를테면,/이를테면</u> 어린아이로서는 그런 어려운 과제를 감당할 수가 없다는 것이다.

(문장 첫머리에서) '곧', '즉', '다시 말해', '이를테면' 뒤에 쉼표는 붙일 수도, 안 붙일 수도 있습니다.(글쓴이가 판단합니다.)

'아울러'가 일본식 표기인가요?

쓸 수 있는 표현입니다.

> 아울러: 동시에 함께
>
> 　지혜와 용기를 아울러 갖추다.
> 　이 또한 웅장한 절규이었습니다. 아울러, 위대한 선언이었고요.
> 　≪채만식, 태평천하≫
>
> 　　　　　　　　　　　　　　　　　　　　- 국립국어원 표준국어대사전

국립국어원 '다듬은 말'에는 '동시에'의 다듬은 말로 '같은 때에, 같은 시간에, 아울러'가 등재되어 있습니다.

31. 문장에서 한 글자만 다음 줄로 나눠지는 경우는?

관련 내용은 행정안전부의 "행정업무운영 편람"이나 「국어기본법」의 어문규범 등에 명시되어 있지 않습니다. 다만, 가독성을 위해서 하나의 어절이 한눈에 들어오도록 작성합니다.

<수정 전>

1. 관련: ○○과-3100(2025.∨7.∨22.)
2. ·· 하
   오니

<수정 후>

1. 관련: ○○과-3100(2025.∨7.∨22.)
2. ··
   하오니

32. '부서∨간'과 '이틀간' 띄어쓰기

다음 중 띄어쓰기가 바르게 된 것은?
① 서울과 부산간, 이틀간
② 서울과 부산∨간, 이틀간
③ 서울과 부산간, 이틀∨간
④ 서울과 부산∨간, 이틀∨간

정답은 ②번입니다. '~간'의 띄어쓰기는 기간 개념인지 아닌지로 쉽게 구분할 수 있습니다. 기간을 나타내는 말 뒤에 오는 '~간'은 붙여 쓰고 나머지는 전부 띄어 쓰면 됩니다. 이때 '한∨달간'의 띄어쓰기만 주의하면 됩니다.

사이, 관계를 나타내는 '간'은 의존명사이므로 띄어 씁니다.
예 서울과 부산∨간, 부모와 자식∨간, 정부∨간, 기관∨간

다만, '부자간', '부부간', '형제간'처럼 합성어로 인정되어 사전에 한 단어로 등재되어 있는 말은 붙여 씁니다.

기간을 나타내는 말 뒤에 오는 '간'은 접미사이므로 앞말에 붙여 씁니다.
예 이틀간, 사흘간, 1주일간, 한∨달간, 2개월간

33. 적극 협조해 주시기 바랍니다

공문서를 작성하다 보면 "적극 협조해 주시기 바랍니다", "적극 안내해 주시기 바랍니다"처럼 '적극'이란 단어를 관행적으로 많이 사용합니다. 여기서 '적극'은 '적극적으로'처럼 조사를 붙여서 의미를 명확하게 표현해야 합니다.

'적극'이 아니라 '적극적으로'와 같이 접미사 '적'과 조사 '으로'를 살려서 작성한다는 것을 꼭 기억하기 바랍니다.

적극 협조 바랍니다. ⇨ 적극적으로 협조해 주시기 바랍니다.

적극 뒷받침하기 위해 ⇨ 적극적으로 뒷받침하기 위해

적극 이용 바람 ⇨ 적극적으로 이용하기 바랍니다.

<우리말다운 표현 사용>
과도한 명사화 구성을 피한다.
　예) **적극** 뒷받침하기 위해 → **적극적으로** 뒷받침하기 위해
　(해설) 과도한 명사화 구성은 문장 의미 파악을 어렵게 하므로 조사나 어미를 써서 의미를 명확히 표현한다.

"행정업무운영 편람"

팁(TIP)

만전을 기하여 주시기 바랍니다

'만전을 기하여'처럼 어렵고 상투적인 한자식 표현은 '허술함이 없도록 하여'라는 쉬운 표현으로 바꿔 씁니다. 하지만 실무자 입장에서는 '만전을 기하여' 대신에 '허술함이 없도록 하여'란 표현을 쓸 용기가 나지 않는 것이 사실입니다.

'허술함이 없도록 하여'란 표현이 언뜻 보면 너무나 허술해 보여서 왠지 이 표현 그대로 쓰면 상사에게 결재를 받지 못할 것 같은 느낌이 들기 때문입니다. 그런 분들은 '만전을 기하여' 대신에 '최선을 다하여', '철저히 대비해' 등의 표현을 쓰면 됩니다.

○○교육청

수신 수신자 참조
(경유)
제목 [알림] 건설현장 안전사고 예방 철저

1. 최근 각종 공사 현장에서 안전사고가 지속적으로 발생하고 있습니다.
2. 우리 교육청에서 발주한 건설 공사 현장의 안전사고를 예방하기 위한 강조 사항을 붙임과 같이 알려드리니, 각 기관에서는 안전사고 예방을 위해 공사장 관리 감독에 ~~만전을 기하여 주시기 바랍니다.~~ **허술함이 없도록 하여 주시기 바랍니다.**

   가. 근로자가 작업장에서 넘어지거나 미끄러지는 등의 위험이 없도록 작업장 정리 상태 점검

   나. 비계 등 가설구조물 작업 중 추락 방지를 위한 안전난간 설치 상태 점검

붙임 안전사고 예방 강조 사항 1부. 끝.

'홈페이지에 탑재하다'는 올바른 표현인가요?

'탑재하다'는 국립국어원 표준국어대사전에 "배, 비행기, 차 등에 물건을 싣다"라고 되어 있습니다.
예 보급품을 탑재한 트럭, 우주선에 적외선 망원경을 탑재하다,
   잠수함에 미사일을 탑재하다

사전적 의미로 볼 때 '홈페이지에 탑재하다'는 어색한 표현입니다.
(아래 사진처럼 미사일 정도 되어야 탑재가 가능합니다.)

'홈페이지에 탑재하다'보다는 '누리집'에 '게시하다', '올리다'가 적절한 표현입니다.

> 게시하다: 여러 사람에게 알리기 위하여 내붙이거나 내걸어 두루 보게 하다.
> 올리다: 컴퓨터 통신망이나 인터넷 신문에 파일이나 글, 기사 따위를 게시하다.
>
> 예 기사를 게시판에 올리다, 사진을 누리집에 올리다,
>   사업 보고서를 회사 내부망에 올리다

34. 명사로 끝나는 문장에 마침표를 찍나요?

　용언의 명사형, 명사로 끝나는 문장에 마침표(.)를 쓰는 것이 원칙이지만, 쓰지 않는 것을 허용합니다. 즉, 본문에서 마침표를 쓸 것인지 안 쓸 것인지 정하여 일관성 있게 작성하면 됩니다.

　[원칙] …… 몸과 마음을 다하여 애를 씀.
　[허용] …… 몸과 마음을 다하여 애를 씀

　[원칙] …… 기업 설명회 개최.
　[허용] …… 기업 설명회 개최

다만, 공문서에서는 '처리함'과 같이 용언의 명사형으로 끝나는 문장은 권위적인 느낌을 줄 수 있으니 '처리합니다'처럼 서술형으로 풀어 쓰도록 안내하고 있습니다.

예 기한 내 미제출 시 '해당 사항 없음'으로 처리함.

⇨ 기한 내 미제출 시 '해당 사항 없음'으로 처리합니다.

예 요망 ⇨ 바람 ⇨ 바랍니다.

예 즉시 제출 바람 ⇨ 제출해 주십시오.

팁(TIP)

권위적인 표현 '통보', '~엄수', '~할 것'

'통보'

'기 통보한' → '이미 알려드린'

어려운 한자말 '기' 대신에 쉬운 말을 써서 표현합니다.

공문에서 이런 표현을 종종 볼 수 있습니다.

"붙임과 같이 통보하오니 업무에 참고하시기 바랍니다."

여기서 '통보'는 권위적인 표현으로 '알리다'로 순화되었습니다. "붙임과 같이 통보하오니"를 "붙임과 같이 알려드리니"로 순화하여 작성하거나 "붙임과 같이 안내하오니" 등의 표현으로 바꾸어 표기할 수 있습니다.

  붙임과 같이 통보하오니 → 붙임과 같이 알려드리니
  추후 통보 → 다음에 알려드리겠습니다.

  '~엄수', '~할 것'

  기일을 엄수하여 ⇨ 날짜를 지켜
  엄수하기 바랍니다. ⇨ 꼭 지켜주시기 바랍니다.
  작성할 것 ⇨ 작성해 주십시오.

35. 정렬할 때 쌍점(:)에 맞추나요?

수신 수신자 참조
(경유)
제목 행정 문서 바르게 알고 쓰기 과정 안내

1. 귀 기관의 무궁한 발전을 기원합니다.

2. 행정 문서 바르게 알고 쓰기 과정을 다음과 같이 개설하오니 소속 직원이 많이 신청할 수 있도록 안내하여 주시기 바랍니다.
　　가. 과정명:　　❶　　　　가. 과 정 명:　　❷
　　나. 교육 목적:　　　　　　나. 교육 목적:
　　다. 교육 내용:　　　　　　다. 교육 내용:
　　라. 교육 방법:　　　　　　라. 교육 방법:
　　마. 주최:　　　　　　　　마. 주　　최:

공문서는 「국어기본법」의 어문규범을 적용합니다. 여기에는 한글맞춤법의 띄어쓰기가 포함되어 있습니다. '마' 항목의 '주최'만 본다면 띄어쓰기를 ①번과 ②번 중 어떻게 할까요?

① 마. 주최:
② 마. 주ⅤⅤⅤⅤ최:

①번처럼 한글맞춤법의 띄어쓰기 규정에 따라 작성하면 됩니다. ②번처럼 쌍점에 맞춰서 양쪽 배분하여 정렬할 필요가 없습니다.

36. 쌍점(:)의 올바른 띄어쓰기

공문에서 쓰는 쌍점(:)의 대부분은 다음에 나오는 해당 항목에 설명을 붙일 때 쓰는 것으로 앞은 붙여 쓰고 뒤는 1타 띄어 씁니다.

1.∨관련:∨(○)

1.∨관련∨:∨(×)

37. 시간을 표기하는 방법

시·분은 24시각제에 따라 숫자로 표기하고, 시·분의 글자 대신 그 사이에 쌍점(:)을 찍어 구분합니다.(날짜는 '월, 일' 표기 시 '0'을 표기하지 않지만, 시·분을 24시각제에 따라 숫자로 표기할 때는 '0'을 표기해야 합니다.)

예) 오전 9시 20분 → 09:20

특정한 시점을 말할 때는 '현재 시간'이 아니라 '현재 시각'이라고 해야 하나요?

'현재 시간', '현재 시각' 모두 쓸 수 있습니다. 표준국어대사전에 '시각'은 '시간의 어느 한 시점'을 뜻한다고 되어 있습니다. '시간'은 '어떤 시각에서 어떤 시각까지의 사이'를 뜻하는 말이지만, '시각'의 뜻인 '시간의 어느 한 시점'을 포함하고 있습니다.

예) 취침 시간, 마감 시간, 약속 시간

따라서 '시간'도 '시각'을 뜻하는 말로 쓰이게 되어 '시각' 대신 '시간'을 쓸 수 있습니다.

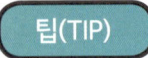

날짜와 요일, 시간을 함께 표기할 때

 요일을 나타내는 소괄호(( ))는 앞말의 보충적인 내용을 덧붙일 때 쓰며, 날짜와 붙여 씁니다.

 2025. 7. 10.(목) 09:10 (○)

 2025. 7. 10.∨(목) 09:10 (×)

 2025. 7. 10.(목), 09:10 (×)

    2일간 같은 시간대를 운영한다는 표현은?

 아래와 같이 작성할 수 있습니다.
 일시: 2025. 7. 10.(목)~7. 11.(금), 15:00~17:00

38. 물결표(~)와 붙임표(-)의 띄어쓰기

문서를 작성할 때 기간이나 시간 사이를 나타내는 문장부호 '물결표(~)', '붙임표(-)'의 차이가 무엇인가요?

예 14:00~15:00, 14:00-15:00

2가지 모두 사용할 수 있습니다. 기간이나 거리 또는 범위를 나타낼 때는 물결표(~)를 쓰는 것이 원칙이고, 붙임표(-)를 쓰는 것도 허용됩니다. 이때 물결표(~)나 붙임표(-)는 앞말과 뒷말에 붙여 씁니다.

2025. ∨ 2. ∨ 25.(화)~2. ∨ 27.(목) (O)

2025. ∨ 2. ∨ 25.(화) ∨ ~ ∨ 2. ∨ 27.(목) (X)

행정복지센터 안내판의 경우 물결표(~)를 사용하면서 '월~금'은 붙여 쓰고, 시간을 표기하면서 '09:00 ~ 18:00'처럼 띄어 쓰고 있습니다. 시간을 표기하는 물결표(~)도 앞말과 뒷말에 붙여 쓰는 것이 올바른 표기 방법입니다.

「국어기본법」에서는 공무상 제작한 '현수막'과 '안내판'을 공문서에 포함하고 있습니다. 물결표(~)는 특히 행사용 현수막, 민원 안내를 위한 안내판에 가장 많이 사용하는 문장부호입니다. 대부분의 실무자들이 이 물결표(~)를 쓰면서 가독성을 위해 물결표(~) 앞과 뒤를 1타씩 띄어서 작성하는데 이것은 잘못된 표기입니다. <u>물결표(~)는 반드시 앞말과 뒷말에 붙여 써야 합니다.</u>

물결표(~)는 범위의 시작을 나타내는 '부터'와 범위의 끝을 나타내는 '까지'의 뜻을 모두 포함하고 있습니다. 따라서 물결표(~)만 쓰든지, '부터'와 '까지'만 사용해야 합니다. 물결표(~)를 쓰고 뒤에 '까지'를 쓰면 중복된 표기입니다.

09:00~15:00 (○)

09:00**부터** 15:00**까지** (○)

09:00~15:00까지 (X)

읍내졸음쉼터(춘천방향)
개량공사로 임시폐쇄
2020.09.16 ~ 12.31까지 → 2020.∨9.∨16.~12.∨31.
전방 종덕휴게소 이용

39. '구', '전', '현' 등은 어떻게 표기하나요?

'현'과 '구'는 모두 관형사라는 점에서 뒷말과 띄어 쓰며, 별다른 부호 없이 쓰는 것이 보통입니다.

㈎ 영문고등학교(현∨예일메디텍고등학교), 예일메디텍고등학교(전∨영문고등학교/구∨영문고등학교)

수신 수신자 참조

(경유)

제목 ○○초등학교(現 △△초등학교) 교명 변경 알림

1. 귀 기관의 무궁한 발전을 기원합니다.

2. ○○학교 설치 조례(제4601호, 2021. 12. 27. 일부 개정)와 관련하여 우리 학교의 교명이 2022. 3. 1. 자로 변경됨을 알려드리니 업무에 참고하시기 바랍니다.

기존	변경	변경일
△△초등학교	○○초등학교	2022. 3. 1.

끝.

40. '2025. 7. 1.자' 띄어쓰기가 맞나요?

어떤 기관에서는 '2025. 7. 1.자'처럼 날짜를 뜻하는 '자'를 전부 앞말에 붙여 쓰고 있었습니다. 날짜를 뜻하는 '자(字)'는 앞말과 반드시 띄어 써야 합니다.

예 2025.∨7.∨1.∨자

다만, '그 날짜에 효력이 발생함'을 뜻하는 접미사인 '-부(附)'는 앞말에 붙여 씁니다.

예 2025.∨7.∨1.부로

참고로 '업무∨분장', '사무∨분장', '인사∨발령'은 한 단어가 아니므로 띄어 씁니다.
1일∨자로, 9월∨1일∨자로, 오늘∨자∨신문 (○)
2025.∨9.∨1.자 사무분장 알림 (X)   2025.∨9.∨1.∨자 사무∨분장 알림 (○)

다음 중 바르게 표기한 것은?

①

제목 2025. 7. 1.자 정책기획관 업무 분장 안내

1. 관련: 정책기획관-7993(2025. 6. 25.)
2. 2025. 7. 1.자 인사발령에 따른……

②

제목 2025. 7. 1. 자 감사관 업무 분장 안내

2025. 7. 1.자 감사관 업무 분장을 붙임과 같이 안내하오니……

③

제목 2025. 7. 1. 자 총무과 업무 분장 안내

2025. 7. 1. 자 인사 발령에 따른 총무과 업무 분장을 붙임과 같이……

정답은 ③번입니다.

41. 물결표(~)로 단위를 생략해서 표기할 때

6~9급, 20~30%, 30~40명

동일한 단위는 물결표(~)를 사용하여 앞에 단위를 생략할 수 있습니다. 이때 물결표(~)는 앞말과 뒷말에 붙여 씁니다.

6억~9억∨원

한 가지 주의할 점은 돈의 단위는 앞의 단위를 생략할 수 없다는 것입니다.

'6억~9억∨원'처럼 앞에 있는 단위를 살려서 써야 합니다.

'6~9억 원'으로 표기하면 '6원'에서 '9억 원'이라는 뜻이 되기 때문입니다.

42. 붙임 참조, 참고?

"행정 사항은 붙임을 참조하십시오." 관행적으로 많이 써왔던 말입니다. 여기서 '붙임'은 '참조'가 아니라 '참고'를 써야 합니다.

'참고'는 첨부해서 붙여놓은 것을 재료로 삼아서 보라는 뜻이므로 '붙임 참고'가 맞습니다. 국립국어원의 "표준어 규정 해설"과 법제처의 "알기 쉬운 법령 정비 기준"에서는 '붙임'의 표기를 '[붙임∨1]', '[붙임∨2]' 등으로 제시하고 있습니다.

'참조'는 비교 대상이 있을 때 씁니다. 예를 들어 어떤 기사를 읽을 때 그와 관련된 다른 기사를 비교해 보라는 뜻으로 '관계 기사 참조'라고 씁니다.

 공문에서 단지 업무에 도움이 될 만한 재료로 삼아서 보라는 뜻이라면 '참고'로 써야 합니다.

하루는 과장님께서 저를 부르셨습니다. 과의 서무 담당이었던 저한테 메신저로 다음 내용을 안내하라고 하셨습니다. 앞으로 공문이나 보고서에서 '붙임1'을 표기할 때는 '[붙임∨1]'처럼 표기하라는 말씀이셨습니다. 즉시 모든 부서원에게 "과장님 지시 사항입니다. 앞으로 모든 문서에 '[붙임∨1]'처럼 작성하시기 바랍니다"라고 전달했습니다.

그리고 다른 업무를 보고 있는데 과장님께서 선배 공무원 한 분을 붙잡고 호통치는 상황이 발생했습니다. 이유를 알아보니 붙임 표기를 말씀하신 대로 안 썼다는 것이었습니다. 그분이 메신저를 제대로 확인하지 않고 결재를 올린 것이 문제의 발단이었습니다.

붙임∨참고
[붙임∨1]∨참고
[붙임∨2]∨참고

43. '사업명'과 '신청 V 건' 띄어쓰기

공문에서 '신청 건'을 표기할 때 띄어쓰기가 헷갈립니다. 여기서 '건'은 표준국어대사전에 '사건, 서류, 안건' 등을 세는 의존명사이므로 띄어 씁니다.

붙여 쓰는 '사업명', '행사명'과 띄어 쓰는 '공모 건', '신청 건'을 구분하여 기억합니다.

사업명, 행사명
일부 명사 뒤에 붙어 '이름'의 뜻을 나타내는 접미사인 '명'은 앞말에 붙여 씁니다.

공모 V 건, 신청 V 건
㉠ 자격증 재발급 신청 V 건을 다음과 같이 처리하고자 합니다.

44. '접수 방법'이 맞나요, '제출 방법'이 맞나요?

공문서는 공문을 읽는 사람 입장에서 이해하기 쉽게 작성해야 합니다.

이것을 '용이성'이라고 합니다. '접수'라는 용어는 공문을 쓰는 사람의 입장이므로 '제출' 또는 '신청'으로 바꿔서 작성합니다.

제목 국가공무원(행정 9급) 전입 희망자 모집 안내

1. 귀 기관의 무궁한 발전을 기원합니다.

2. 국가공무원 전입 희망자를 다음과 같이 공개 모집하오니, 귀 기관의 관심 있는 직원들이 지원할 수 있도록 안내해 주시기 바랍니다.
   가. 모집 인원: 1명   → 제출 기간
   나. 공고 기간: 2025. 3. 4.(화)~3. 13.(목)
   다. 접수 기간: 2025. 3. 17.(월)~3. 20.(목)
   라. 선발 방법: 서류 전형 및 면접

45. '개선방안', '기대효과', '행정사항'의 띄어쓰기는?

공문서에서 띄어쓰기?

추진배경 기대효과
     개선방안   유의사항
작성대상   참고사항

공문에서 추진배경, 개선방안, 기대효과 등 네 글자 형태의 소제목을 쓸 때가 있습니다. 어떤 분은 '개선∨방안'처럼 띄어 쓰고, 또 어떤 분은 '개선방안'처럼 붙여 씁니다.

결론부터 말씀드리면 이런 네 글자 형태는 '개선∨방안'처럼 모두 띄어 쓰면 됩니다.

본청에 근무하면서 공문을 주고받을 때마다 공문서에서 가장 많이 쓰는 네 글자 유형을 틈틈이 메모해 두었습니다. 모두 정리하여 국립국어원 표준국어대사전에 검색한 결과 '개선∨방안'처럼 띄어 쓰는 것이 원칙인 형태가 85% 정도였고, '운영^계획'과 같이 띄어쓰기가 원칙이되 붙여 쓰는 것을 허용하는 것이 15% 정도였습니다.

결론은 2가지 유형 모두 띄어 쓰는 것이 원칙입니다.

아래 예시는 띄어쓰기가 원칙인 네 글자 유형입니다. 표준국어대사전에 한 단어로 올라 있지 않은 것으로 단어 단위로 띄어 써야 합니다.

개선∨방안, 개선∨사항, 개정∨사항, 개최∨일시, 개최∨장소, 검증∨방법, 검토∨배경, 검토∨사항, 검토∨의견, 결과∨발표, 결과∨보고, 계약∨방법, 계획∨보고, 공고∨방법, 공사∨계획, 공사∨내용, 관련∨규정, 관련∨근거, 교육∨기간, 교육∨대상, 구비∨서류, 근거∨규정, 근무∨장소, 근무∨지역, 근무∨형태, 기대∨효과, 기본∨방침, 기본∨방향, 기본∨원칙, 기준∨일자,

기타∨사항, 납부∨기한, 담당∨업무, 대상∨기간, 대상∨학교, 면접∨심사, 모집∨공고, 민원∨개요, 반납∨방법, 발생∨위치, 발생∨일시, 발생∨현황, 발전∨방향, 발표∨내용, 배부∨내용, 배부∨방법, 배부∨시기, 법적∨기준, 변동∨없음, 보고∨요지, 보수∨결과, 사업∨개요, 사업∨내용, 사용∨목적, 사용∨허가, 상담∨내용, 상담∨시간, 선발∨계획, 선발∨예정, 선발∨인원, 선정∨인원, 설문∨기간, 설문∨방법, 성과∨분석, 성과∨평가, 세부∨내용, 세부∨사항, 세부∨일정, 소요∨예산, 수강∨신청, 수행∨기간, 시간∨계획, 시행∨계획, 시행∨일시, 시행∨일자, 시험∨개요, 시험∨내용, 시험∨일정, 시험∨장소, 신입∨직원, 신청∨기간, 신청∨대상, 신청∨방법, 신청∨사항, 실태∨분석, 심사∨기준, 심사∨방법, 업무∨내용, 연수∨기간, 연수∨대상, 연수∨인원, 요구∨자료, 요청∨사유, 우대∨조건, 우수∨사례, 운영∨개요, 운영∨규모, 운영∨기간, 운영∨내용, 운영∨방법, 운영∨방안, 운영∨방침, 운영∨성과, 운영∨실적, 운영∨장소, 운영∨주최, 운영∨현황, 원서∨접수, 유의∨사항, 응시∨대상, 응시∨분야, 응시∨연령, 응시∨원서, 응시∨자격, 응시∨직종, 이상∨없음, 인사∨발령, 인사∨시기, 인적∨사항, 일반∨현황, 작성∨대상, 작성∨서류, 작성∨서식, 작성∨양식, 작성∨자료, 전달∨사항, 전형∨방법, 전형∨요소, 전형∨위원, 전형∨일시, 점검∨대상, 점검∨방법, 점검∨일시, 점검∨일정, 접수∨결과, 접수∨기간, 접수∨방법, 접수∨인원, 제안∨배경, 제안∨사항, 제출∨기한, 제출∨내용, 제출∨방법, 제출∨서류, 제출∨서식, 제출∨자료, 조사∨계획, 조사∨내용, 조사∨방법, 조치∨결과,

조치∨현황, 주요∨내용, 주의∨사항, 준비∨사항, 지원∨금액, 지원∨방법, 지정∨일자, 지출∨과목, 직무∨연수, 직속∨기관, 집행∨방법, 참가∨대상, 참가∨신청, 참가∨자격, 참고∨사항, 참석∨대상, 참여∨기관, 채용∨개요, 채용∨계획, 채용∨기준, 채용∨내용, 채용∨방법, 채용∨인원, 채점∨기준, 처리∨경과, 추진∨개요, 추진∨계획, 추진∨근거, 추진∨기간, 추진∨방안, 추진∨방향, 추진∨배경, 추진∨일정, 추진∨절차, 출제∨방법, 출제∨범위, 파견∨기간, 편성∨금액, 평가∨개요, 평가∨결과, 평가∨계획, 평가∨방법, 평가∨요소, 평가∨절차, 해당∨없음, 행동∨요령, 행사∨개요, 행사∨기간, 행사∨내용, 행사∨대상, 행사∨장소, 행사∨주관, 행정∨사항, 향후∨계획, 현안∨사업, 협의∨사항, 협조∨사항, 홍보∨계획, 홍보∨방법, 홍보∨방안, 확인∨결과, 훈련∨방법

아래 유형은 띄어쓰기가 원칙이되 붙여 쓰는 것도 허용하고 있습니다.
'∧(캐럿 기호)'는 띄어쓰기가 원칙이되 붙여 쓰는 것도 허용함을 나타내는 약호입니다.

각급∧학교, 결정∧방법, 계약∧기간, 교육∧과정, 교육∧연수, 관리∧계획, 개인∧정보, 근무∧시간, 기본∧과정, 기본∧계획, 대체∧인력, 사업∧계획, 사용∧시설, 사용∧장소, 서류∧심사, 서면∧심의, 성과∧지표, 소속∧기관, 시험∧과목, 시험∧기간, 시험∧범위, 실무∧교육, 실시∧계획, 예산∧과목,

운영∧계획, 운영∧시간, 위탁∧기관, 유효∧기간, 입법∧예고, 전수∧조사, 조직∧개편, 재정∧집행, 지방∧재정, 직무∧교육, 평가∧위원, 학교∧시설, 행정∧구역, 현황∧자료, 협의∧내용, 훈련∧기간

전문용어 띄어쓰기의 원칙과 허용

방과 후 학교, 방과후학교

표준국어대사전에 '방과후학교'를 검색하면 우리말샘에서 '방과^후^학교'라고 검색 결과가 나옵니다. 방과후학교는 전문용어 띄어쓰기 원칙과 허용에 따라 '방과∨후∨학교'처럼 띄어 쓰는 것이 원칙이나 '방과후학교'처럼 붙여 쓰는 것을 허용합니다. 그래서 우리가 일반적으로 붙여 쓰고 있습니다.

46. 참석 대상에서 이름의 띄어쓰기

공문서에서 이름을 나열할 때 대상자 명단에 일반적인 세 글자가 아닌 '선'씨인 '우진'과 '남궁'씨인 '억', '이'씨인 '정'이 포함되어 있다고 한다면 띄어쓰기를 어떻게 해야 할까요?

성과 이름은 아래와 같이 붙여쓰기가 원칙입니다.

<u>참석 대상자: 홍길동, 이철수, 선우진, 남궁억, 이정</u> **(원칙)**

다만, 이렇게 작성하면 '선-우진'인지 '선우-진'인지, '남-궁억'인지 '남궁-억'인지 혼동할 우려가 있으므로 한 글자 성이든 두 글자 성이든 성과 이름을 분명하게 밝힐 필요가 있을 때는 아래와 같이 띄어 쓸 수 있습니다.

<u>참석 대상자: 홍∨길동, 이∨철수, 선∨우진, 남궁∨억, 이∨정</u> **(허용)**

[한글맞춤법 제48항]

성과 이름, 성과 호 등은 붙여 쓰고, 이에 덧붙는 호칭어, 관직명 등은 띄어 쓴다.
㉠ 홍길동 씨, 최치원 선생, 행정안전부 장관

다만, 성과 이름, 성과 호를 분명히 구분할 필요가 있을 경우에는 띄어 쓸 수 있다.
㉠ 남궁억/남궁 억, 독고준/독고 준

제목 2024년 상반기 모범공무원 포상 공적 심사 위원회 개최 안내

1. 관련: ○○과-123(2024. 6. 3.)

2. 2024년 상반기 모범공무원 포상과 관련하여 공적 심사 위원회를 개최하오니, 해당 위원이 회의에 참석할 수 있도록 안내하여 주시기 바랍니다.
   가. 개최 일시: 2024. 7. 1.(월) 10:00
   나. 회의 장소: 제1회의실(대학본부 1층)
   다. 참석 대상자: 홍길동, 이철수, 선우진, 남궁억, 이정 (원칙)
   다. 참석 대상자: 홍∨길동, 이∨철수, 선∨우진, 남궁∨억, 이∨정 (허용)

붙임 심사 자료 1부. 끝.

> 팁(TIP)

비밀 유지에 사용하는
숨김표(○○, ××)의 사용 방법

비밀을 유지해야 하거나 밝힐 수 없는 사항임을 나타낼 때는 숨김표를 씁니다.

1차 시험 합격자는 김○영, 이○준, 박○순 등 모두 3명이었다.
그 모임의 참석자는 김×× 씨, ×× 씨 등 5명이었다.

두 번째 예시에서 '김×× 씨'의 이름은 한 글자일 수도 있고 두 글자 또는 그 이상일 수도 있습니다.(글자의 수효만큼 숨김표를 쓰는 것이 아닙니다.)

열거하는 단어가 2개 이상일 때만 '등'을 사용하나요?

'등(等)'은 둘 이상 나열한 다음에 오는 것이 일반적입니다.

다만, 하나의 말 뒤라도 그것이 일정한 성격을 가지고 다른 대상과 함께 무리 지어 있는 사물이어서 다른 대상을 쉽게 연상할 수 있는 경우라면 '등'이 자연스럽게 쓰일 수 있습니다.
예 문구점에서 연필 등을 샀다.

또한, 학생 3명(이지후, 이은후, 최혜주)이 상을 탔을 때 "이지후 외 2명이 상을 탔다"라고 할 수도 있지만, "이지후 등 3명이 상을 탔다"라고 할 수도 있습니다.

47. 공문에서 금액을 표기하는 방법

  공문에서 금액을 표기할 경우에는 「행정업무의 운영 및 혁신에 관한 규정 시행규칙」 제2조(공문서 작성의 방법)제2항에 따라 아라비아숫자로 쓰되, 숫자 다음에 괄호를 하고 다음과 같이 한글로 적어야 합니다.

예 금113,560원(금일십일만삼천오백육십원)

행정업무의 운영 및 혁신에 관한 규정 시행규칙

제2조(공문서 작성의 방법) ② 문서에 금액을 표시할 때에는 「행정업무의 운영 및 혁신에 관한 규정」(이하 "영"이라 한다) 제7조제4항에 따라 아라비아숫자로 쓰되, 숫자 다음에 괄호를 하고 다음과 같이 한글로 적어야 한다.

예 금113,560원(금일십일만삼천오백육십원)

행정안전부의 "행정업무운영 편람"에서도 금액을 표기할 때 「행정업무의 운영 및 혁신에 관한 규정 시행규칙」 제2조제2항을 준용하여 같은 방법과 예시로 설명하고 있습니다.

<문서의 작성 기준>
금액(규칙 제2조제2항)
금액을 표시할 때에는 아라비아숫자로 쓰되, 숫자 다음에 괄호를 하고 한글로 기재한다.
예 금113,560원(금일십일만삼천오백육십원)

"행정업무운영 편람"

국립국어원에 "공문서에서 금액은 어떻게 표기합니까?"라고 물으면 행정안전부의 "행정업무운영 편람"에 따라 같은 방법으로 금액의 표기 방법을 안내하고 있습니다.

여기서 주의할 점은 '금∨113,560원(금∨일십일만∨삼천오백육십∨원)'처럼 띄어 쓰지 않는다는 점입니다. 반드시 "행정업무운영 편람"의 예시 그대로 왼쪽은 숫자, 오른쪽은 한글 모두 붙여서 '금113,560원(금일십일만삼천오백육십원)'으로 작성합니다.

금111,110원은 어떻게 표기하나요?

① 금111,110원(금**일**십**일**만**일**천**일**백**일**십원)
② 금111,110원(금**일**십**일**만천백십원)

①번처럼 작성합니다.

공문에서 금액을 표기할 때 숫자 '1'은 항상 '일'이라고 표기해야 합니다. 이 규정은 '천', '백', '십' 등의 단위 앞에서도 똑같이 적용합니다.

'산출 내역'에서 '내역'은 어떻게 바꿔 쓰나요?

'산출 내역서'는 '산출 명세서'로 다듬어 씁니다. 그렇다면 '산출 내역'은 어떻게 써야 할까요? 일반적으로 '내역'은 '물품이나 금액 등의 내용'을 뜻하는 말로 '내용'으로 고쳐 씁니다.

공문서에서 '산출 내역', '예산 교부 내역'처럼 '내역'이란 표현을 흔히 볼 수 있습니다.

2019년 3월 행정안전부에서 국민이 이해하기 어려운 한자어를 공문서에서 퇴출하겠다는 보도자료를 배포하면서 대표적인 표현으로 '내역'을 '내용'으로 고쳐 쓰도록 안내하였습니다. 6년이 지난 지금 아직도 우리는 여전히 '내역'을 즐겨 쓰고 있습니다. '내역'이 쓰고 싶을 때는 '내용'을 떠올리길 바랍니다.

국민이 이해하기 어려운 한자어 공문서에서 퇴출
-어려운 외래어·행정용어, 권위적·차별적 표현 등도 단계적 정비 추진-

2019. 3. 4.

행정안전부(장관 김부겸)는 법령 등의 영향으로 공문서에 사용되는 어려운 한자어나 일본어 투 80개를 선정하고 쉬운 우리말 등으로 바꾸어 쓰도록 하였다.

그동안 문체부, 법제처 등 정부기관과 민간단체 중심으로 외래어, 일본어 투 용어 등을 우리말로 바꾸는 국어순화 노력을 해왔으나 공무원이 작성하는 공문서마저도 여전히 어려운 한자어가 관행적으로 사용되고 있어서 이를 개선하기로 한 것이다.

이번에 정비하는 어려운 한자어는 명사형으로서 '공여(供與)'는 '제공'으로, **'내역(內譯)'은 '내용'으로**, '불입(拂入)'은 '납입'으로, '잔여(殘餘)'는 '남은'이나 '나머지'로 바꿔 쓰고, 서술형으로 '등재(登載)'는 '적다'로, '부착(附着)'은 '붙이다'로, '소명(疏明)'은 '밝히다'로, '용이(容易)'는 '쉽다'로 고치고, '감(減)하다'는 '줄이다'로, '기(企)하다'는 '도모하다'로, '요(要)하다'는 '필요하다' 등 쉬운 우리말이나 익숙한 한자어를 쓰도록 했다.

수신 내부결재

(경유)

제목 2025년 단체교섭을 위한 간담회 개최

---

1. 관련: ○○과-9711(2025. 3. 20.)

2. 2025년 단체교섭 추진을 위한 간담회를 다음과 같이 개최하고자 합니다.
   가. 일시: 2025. 3. 24.(월) 14:00
   나. 장소: 관내 식당
   다. 참석 인원: 12명(○○조합 교섭위원)
   라. 소요 예산: 금240,000원(금이십사만원)
   마. 산출 내역: 20,000원×12명=240,000원. 끝.

내용

내부결재에서 '예산 과목'을 표기할 때 쓰는 문장부호는?

① 예산 과목: 기본적 교육활동-교과 활동-교과 활동 지원-학습 준비물 구입
② 예산 과목: 기본적 교육활동 - 교과 활동 - 교과 활동 지원 - 학습 준비물 구입
③ 예산 과목: 기본적 교육활동/교과 활동/교과 활동 지원/학습 준비물 구입
④ 예산 과목: 기본적 교육활동 / 교과 활동 / 교과 활동 지원 / 학습 준비물 구입

정답은 ①번입니다. '기본적 교육활동-교과 활동-교과 활동 지원-학습 준비물 구입'과 같이 붙임표(-)를 사용합니다. 붙임표는 앞말과 뒷말에 붙여 씁니다. 붙임표(-)는 차례대로 이어지는 내용을 하나로 묶어 열거할 때 각 어구 사이에 씁니다. 경우에 따라서 붙임표 대신 쉼표나 가운뎃점을 사용할 수도 있습니다.
예) 멀리뛰기는 도움닫기-도약-공중 자세-착지의 순서로 이루어진다.

빗금(/)은 대비되는 2개 이상의 어구를 묶어 나타낼 때 그 사이에 씁니다.
예) 남반구/북반구, 금메달/은메달/동메달

제목 2025년 단체교섭을 위한 간담회 개최

1. 관련: ○○과-1234(2025. 4. 25.)
2. 2025년 단체교섭 추진을 위한 간담회를 다음과 같이 개최하고자 합니다.
   가. 일시: 2025. 4. 10.(목) 12:00
   나. 장소: 관내 식당
   다. 참석 인원: 12명(○○조합 교섭위원)
   라. 소요 예산: 금240,000원(금이십사만원)
   마. 산출 내용: 20,000원×12명=240,000원
   바. 예산 과목: 건전한 지방재정 운영-합리적인 지방예산 편성-예산 편성 및 운영-업무추진비-시책추진업무추진비. 끝.

48. 곱하기(×)와 등호(=)의 띄어쓰기는?

1×1=1

1∨×∨1∨=∨1

1. 관련: 총무과-11111(2025. 8. 11.)
2. …… 업무 추진을 위한 예산을 다음과 같이 집행하고자 합니다.
   가. 추진 기간: 2025. 10. 1.~10. 31.
   나. 소요 예산: 금576,000원(금오십칠만육천원)
   다. 산출 내용: 8,000원✕6명✕12회=576,000원

곱하기(×)와 등호(=)는 문장부호 규정에서 다루고 있지 않아서 띄어쓰기를 판단할 규정이 없습니다. 다만, 《수학의 정석》 등 수학 분야의 관례를 참고한다면 위의 예시처럼 모두 붙여 쓰고 있습니다.

49. 표를 작성하는 2가지 방법

　행정안전부의 "행정업무운영 편람"에서는 표의 위치를 2가지로 제시하고 있습니다. 첫 번째, 왼쪽 기본선부터 오른쪽 한계선까지 전체를 사용합니다. 가장 쉬운 표 그리기 방법으로 그냥 꽉 채우면 됩니다.

1. 관련: 총무과-11111(2025. 8. 11.)
2. 1차, 2차 ○○ 교육을 다음과 같이 실시하오니 각 기관에서는 희망자 명단을 2025. 8. 30.까지 제출해 주시기 바랍니다.
   가. 교육 개요

회차	대상	교육 일자	시간	교육 방법
1차	○○○	2025. 7. 30.(수)	09:00~12:00	온라인 원격 연수
2차	○○○	2025. 8. 13.(수)	14:00~17:00	

기본선 · · · **한계선**

두 번째, 표 제목의 아래 위치부터 시작해서 오른쪽 한계선까지 사용하면 됩니다.

1. 관련: 총무과-11111(2025. 8. 11.)
2. 1차, 2차 ○○ 교육을 다음과 같이 실시하오니 각 기관에서는 희망자 명단을 2025. 8. 30.까지 제출해 주시기 바랍니다.
   가. 교육 개요

회차	대상	교육 일자	시간	교육 방법
1차	○○○	2025. 7. 30.(수)	09:00~12:00	온라인 원격 연수
2차	○○○	2025. 8. 13.(금)	14:00~17:00	

기본선 · · · **한계선**

표에서 비고란은 별도로 적을 내용이 있는 경우에만 둡니다.

표의 양쪽 테두리 선은 없어야 하나요?

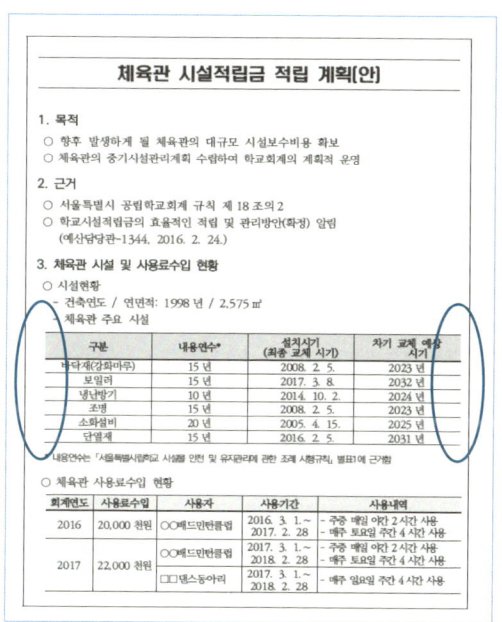

일반기안문의 본문에서 표의 양쪽 테두리 선 없이 작성한 공문을 종종 볼 수 있습니다. 표의 양쪽 선이 없으면 어떤 효과가 있을까요?

시야가 트여 보여서 표가 조금 더 예쁘게 보인다는 의견도 있습니다. 표의 양쪽 테두리 선이 없는 것은 '일반기안문'보다 보고서 형태인 '간이기안문'에서 많이 볼 수 있는 형태입니다. <u>일반기안문에서 표는 기본적인 실선 형태 그대로 작성하시기 바랍니다.</u>

표 안의 글꼴과 크기는 특별한 규정이 있나요?

특별히 규정하고 있지 않습니다. 본문과 같은 글꼴로 작성하면 됩니다. 다만, 표 안에는 본문 글꼴의 크기보다 1~2포인트 작은 크기로 작성하는 것이 자연스러워 보입니다.

팁(TIP)

표 오른쪽 위에 단위를 표기하는 방법

표에 쓰인 숫자의 단위(m^2, 만 명, 백만 원 등)는 표의 오른쪽 위에 모아서 표기합니다. 또한 'km', 'mm' 등 알파벳으로 이루어진 단위는 전각기호로 표기하는 것이 좋습니다.

(한글 기준 CTRL+F10 ⇨ 사용자 문자표 ⇨ 단위기호에서 선택 km ⇨ ㎞ / mm ⇨ ㎜)

한글맞춤법 제43항에 "단위를 나타내는 명사는 띄어 쓴다"라고 되어 있습니다.
예 1억 5,000만∨㎞

다만, 숫자와 어울려 쓰는 경우에는 붙여 쓸 수 있습니다.
예 3∨㎞, 3㎞, 5∨개월, 5개월, 30∨년, 30년

표에서 '이하 빈칸'은 어떤 경우에 사용하나요?

본문 중 표의 중간에서 기재 사항이 끝나는 경우, '끝' 표시를 하지 않고 마지막으로 작성된 칸의 다음 칸에 '이하∨빈칸' 표시를 합니다.
'이하', '빈칸'은 각각의 단어이므로 띄어 씁니다.

응시 번호	성명	생년월일	주소
10	이○○	1978. 1. 10.	서울특별시 종로구 ○○로 12
이하∨빈칸			

일반기안문의 본문에서 표를 만들고 위와 같이 '이하 빈칸'을 작성할 일이 없습니다. 표에서 남는 줄은 삭제하면 되기 때문입니다.

'이하 빈칸'이라는 표현은 2가지 경우를 생각해 볼 수 있습니다. 첫 번째, 민원인 접수 대장을 출력한 경우 민원인이 여덟 줄 중에 다섯 줄만 작성하고 세 줄이 남았을 때 마지막으로 작성된 칸의 다음 칸에 '이하 빈칸' 표시를 하고 수기 결재를 받는 경우입니다.

두 번째, 공문으로 자료 요청이 와서 엑셀 파일을 작성해서 발송하려는데 서식에 남은 빈 줄들이 강제 설정되어 있어서 삭제가 안 되는 경우에 '이하 빈칸' 표시를 합니다.

○○위원 입후보자 접수 대장					
접수 번호	접수 일자	성명	나이	경력	주소
1	2025. 3. 6.	김갑동	45	○○위원 9년	서울시 서대문구 연세로
2	2025. 3. 6.	이정훈	44	○○위원 7년	서울시 종로구 성균관로
3	2025. 3. 7.	김성길	40	○○위원 6년	서울시 성북구 안암로
4	2025. 3. 9.	최승훈	38	○○위원 8년	서울시 성동구 왕십리로
5	2025. 3. 10.	이효준	43	○○위원 9년	서울시 마포구 백범로
이하 V빈칸					

'이하 빈칸'을 '아래 빈칸'으로 순화해서 작성해야 하나요?

응시 번호	성명	생년월일	주소
10	이○○	1978. 1. 10.	서울특별시 종로구 ○○로 12
이하∨빈칸			

이하 빈칸
(=이하 여백)
아래 빈칸?

강의 중에 한 분이 손을 들고 이런 질문을 했습니다. 본인은 오래전부터 '이하 여백'이 '아래 빈칸'으로 순화되었다는 것을 알고 있다고 했습니다. 여기서 얘기하는 '이하 빈칸'도 '이하 여백'과 같은 의미이기 때문에 '아래 빈칸'으로 순화해서 작성해야 한다는 말이었습니다

강의 중에 처음 받는 질문이었고 '이하 빈칸'의 내용이 "행정업무운영 편람"에 있는 내용 그대로라고 말씀드렸지만, 납득되지 않는 듯했습니다. 오히려 "행정업무운영 편람"을 작성한 공무원이 잘못 알고 있어서 이렇게 표현한 것이라고까지 말했습니다.

이 내용을 다시 확인 후에 안내해 드리겠다고 말씀드리고 국립국어원에 관련 내용을 질의했습니다. 국립국어원은 다음과 같이 안내하고 있습니다.

"<행정업무운영 편람>에서 '일반기안문'의 '끝' 표시에 한하여 '이하 빈칸'으로 쓰도록 정해 놓았으므로, '일반기안문'에서 '표의 중간에서 기재 사항이 끝나는 경우'에는 정해 놓은 대로 '이하 빈칸'으로 쓰시기 바랍니다."

즉, "행정업무운영 편람"에서 이미 정해진 사항은 더 이상 이야기하지 말라는 것이었습니다.

50. 변경 사항을 작성할 때 '당초', '변경'을 사용하나요?

'당초'와 '소관'

'당초'는 '기존'으로 '소관'은 '담당'으로 다듬어 씁니다.

기존(당초×)	변경	담당 부서(소관 부서×)

국립국어원의 "한눈에 알아보는 공공언어 바로 쓰기"에서 '당초'는 '기존'으로 '소관'은 '담당'으로 다듬어 쓴다고 되어 있습니다. '당초'와 '소관'을 국립국어원의 '다듬은 말'에서 검색해 보면 '당초'는 '애초', '맨 처음'으로 검색 결과가 나옵니다. 그리고 '소관'은 검색 결과가 없습니다. 그렇다면 위 규정은 어디에서 나온 것일까요?

'다듬은 말'은 우리말로 바꾸어 쓸 수 있는 외래어 혹은 외국어이거나 지나치게 어려운 한자어 등 여러 이유로 다른 표현으로 대체하여 쓰는 것이 좋겠다는 지침을 정리한 것입니다.

따라서 어떠한 말을 다른 말로 대체해서 써야 한다고 엄격하게 규정한 것은 아니므로 상황과 맥락, 언어를 사용하는 분야 등을 고려하여 여러 표현으로 다듬어 쓸 수 있습니다.

51. '기한' 뒤에 '까지'를 사용하면 중복된 표기인가요?

    표준국어대사전에서 '기한'은 '미리 한정하여 놓은 시기'를 의미합니다. 이 질문에 행정안전부는 다음과 같이 답변하고 있습니다. "「국어기본법」에 따른 어문규범에 맞게 이해하기 쉽게 작성하시면 됩니다."

    국립국어원에서는 '제출 기한'과 '까지'는 의미 중복으로 볼 수도 있지만 의미가 중복된 문장을 비문으로 판단할지는 견해 차가 있다고 합니다.

따라서 작성자가 '제출 기한' 뒤에 '까지'를 사용할 것인지 판단하면 됩니다.

제출∨기한: 2025. 5. 30.(금)

㉠ 지원서의 제출 기한은 2025. 5. 30.입니다.

제출∨기한: 2025. 5. 30.(금)까지

㉠ 서류 제출 기한은 다음∨달 30일까지입니다.

52. 참고표(※)로 시작하는 문장에서 참고표(※)의 위치는?

「행정업무의 운영 및 혁신에 관한 규정」에 참고표(※)의 사용 예시에 관한 규정은 두고 있지 않습니다.

---

1. 관련: ○○과-○○○○(2025. 8. 11.)
2. 우리 교육청에서는…… 의견을 조회하오니…… 제출하여 주시기 바랍니다.
   ※ 기한 내 미제출 시 '해당 사항 없음'으로 처리합니다. 끝.

다만, 우리가 참고표(※)를 쓴 이유는 대부분 바로 위 항목을 보충 설명하는 기능이므로 참고표(※) 문장이 바로 위 항목에 포함된다고 보고 "항목이 두 줄 이상인 경우에 둘째 줄부터는 항목 내용의 첫 글자에 맞추어 정렬한다"는 원칙에 따라 참고표(※) 기호를 위 예시처럼 '우' 아래에 맞추어 정렬하면 됩니다.

53. '온라인상의'에서 '~상의'란 표현은 띄어 쓰나요?

'상(上)'이 '추상적인 공간에서의 한 위치'라는 뜻일 때는 접미사이므로 앞말에 붙여 씁니다.

기본계획∨상의(×), 영수증∨상의(×), 온라인∨상에서(×), 인터넷∨상에서(×)
⇨ 기본계획상의(○), 영수증상의(○), 온라인상에서(○), 인터넷상에서(○)

54. 기한ⅴ내 제출해 주시기 바랍니다

공문을 발송할 때 "기한 내 제출해주시기 바랍니다"라는 표현을 많이 사용합니다. 이때 '기한ⅴ내'는 띄어 씁니다.

'기한 내'의 띄어쓰기가 생각이 안 나면 '○○ 외 0명'이라고 할 때 '외'는 띄어 쓴다는 것을 떠올리면 '기한 내'도 쉽게 기억날 것입니다.

예 기한ⅴ내, 기일ⅴ내, 30분ⅴ내에, 경제팀ⅴ내, 학교ⅴ내, 범위ⅴ내, 한ⅴ달ⅴ내

일정한 범위나 한계를 벗어남을 나타내는 '외(外)'는 앞말과 띄어 씁니다.

예 용도ⅴ외, 총무과장ⅴ외ⅴ10명

의견 조회 공문에서 본문이 참고표(※) 문장으로 끝난 경우 '끝' 표시는?

「행정업무의 운영 및 혁신에 관한 규정 시행규칙」 제4조제5항에 "본문의 내용(본문에 붙임이 있는 경우에는 붙임을 말한다)의 마지막 글자에서 한 글자 띄우고 '끝' 표시를 한다"라고 되어 있습니다.

행정안전부와 국립국어원에서는 참고표(※) 문장도 본문에 포함된다고 보아 '끝'은 가장 마지막에 표시하도록 안내하고 있습니다.

> 1. 관련: ○○과-○○○○(2025.∨8.∨11.)
> 2. …… 의견을 조회하오니, 의견이 있는 경우 2025.∨8.∨14.(목)까지 제출하여 주시기 바랍니다.
>   ※ 기한∨내∨미제출∨시∨'해당∨사항∨없음'으로∨처리합니다.∨∨끝.

 '끝'은 정말 끝입니다.
'끝' 뒤에는 어떠한 것도 올 수 없습니다.

55. '미제출∨시' 띄어쓰기

'미(未)-'는 '그것이 아직 아닌'을 뜻하는 접두사로 붙여 씁니다.
예 미제출, 미참가

공문을 쓰다 보면 '때'를 뜻하는 '시'를 많이 쓰게 됩니다. '시(時)'는 '어떤 일이나 현상이 일어날 때나 경우'를 뜻하는 의존명사로 '행사∨시', '참가∨시'와 같이 띄어 씁니다.

팁(TIP)

유사시, 비상시, 평상시, 필요시 <암기하기!>

　다만, '유사시'(급하거나 비상한 일이 일어난 때), '비상시'(뜻밖의 긴급한 사태가 일어난 때), '평상시'(특별한 일이 없는 보통 때), '필요시'(반드시 요구될 때), '일몰시'(해가 완전히 지는 순간의 시각), '혼잡시'(차량 통행이 많아 복잡한 시간) 등과 같이 국립국어원 표준국어대사전에 한 단어로 등재되어 있는 합성어는 붙여 씁니다.

　위의 붙여 쓰는 6가지 중에 공문에서 가장 많이 쓰는 단어는 '유사시, 비상시, 평상시, 필요시' 4가지이므로 반드시 외워야 합니다. '유비 평상 필요' 이렇게 앞 글자만 따서 외우면 됩니다.

56. '해당 사항 없음'을 제출합니다

한글맞춤법에 "문장의 각 단어는 띄어쓰기를 원칙으로 한다"라고 되어 있습니다. 각각의 단어인데 공문에서 내가 임의로 붙여 쓰면 안 된다는 뜻입니다.

해당∨사항∨없음

'해당', '사항', '없음'이 각각의 단어이므로, '해당∨사항∨없음'으로 전부 띄어 써야 합니다. '해당∨사항(이)∨없음을 보고합니다' 또는 '해당∨사항(이)∨없음을 제출합니다'로 작성할 수 있습니다.

<수정 전>

수신 수신자 참조
(경유)
제목 갑질 예방 표어 사용 여부 확인 요청

1. 귀 기관의 무궁한 발전을 기원합니다.
2. 우리 교육청에서 실시한 '상호 존중 문화 조성을 위한 갑질 예방 표어' 공모 수상 후보작의 귀 기관 공모 여부를 확인하고자 하오니, **해당사항**이 있는 기관에서는 2025. 3. 18.(화)까지 회신하여 주시기 바랍니다.
    ※ 기한 내 회신이 없는 경우, **해당사항 없음**으로 처리합니다. 끝.

<수정 후>

수신 수신자 참조
(경유)
제목 갑질 예방 표어 사용 여부 확인 요청

1. 귀 기관의 무궁한 발전을 기원합니다.
2. 우리 교육청에서 실시한 '상호 존중 문화 조성을 위한 갑질 예방 표어' 공모 수상 후보작의 귀 기관 공모 여부를 확인하고자 하오니, **해당∨사항**이 있는 기관에서는 2025. 3. 18.(화)까지 회신하여 주시기 바랍니다.
    ※ 기한 내 회신이 없는 경우, **해당∨사항∨없음**으로 처리합니다. 끝.

57. '개인정보보호' 관련 안내 문구의 위치는?

"이 공문에는 개인정보가 포함되어 있으므로 개인정보보호에 유의해 주시기 바랍니다"와 같은 개인정보보호 관련 유의 사항이나 "이 공문은 본청, 직속 기관, 교육지원청, 각급 학교에 발송합니다"와 같은 안내 문구를 공문에 표시할 때 위치를 묻는 질문입니다.

「행정업무의 운영 및 혁신에 관한 규정 시행규칙」 제4조제5항에 본문의 마지막에 '끝' 표시를 한다고 되어 있어 '끝' 표시 후 '유의 사항'이나 '안내 문구'를 삽입하는 것은 관련 규정에 맞지 않습니다. 따라서 다음과 같이 표시하면 됩니다.

··· 주시기 바랍니다.

| 이 공문에는 개인정보가 포함되어 있으므로 개인정보보호에 유의하시기 바랍니다. |

붙임∨∨1.∨○○○계획서∨1부.
      2.∨○○○서류∨1부.∨∨끝.

참고로 '개인정보보호'는 우리말샘에서 '개인^정보^보호'로 검색 결과가 나옵니다. '개인정보보호'는 전문용어로 '개인∨정보∨보호'와 같이 띄어 쓰는 것이 원칙이나 '개인정보보호'와 같이 붙여 쓰는 것도 허용합니다.

58. '붙임'과 '1부'를 표기하는 방법

본문이 끝난 줄 다음에 '붙임'의 표시를 하고 첨부물의 명칭과 수량을 작성합니다.

··· 주시기 바랍니다.
붙임ㅇㅇ○○○계획서ㅇ1부.ㅇㅇ끝.

붙임은 본문이 끝난 줄 다음에 바로 붙여 쓰거나 한 줄 띄어 써도 됩니다. 참고로 우리가 쓰는 대부분의 공문은 <u>가독성을 위해서 한 줄 띄어 쓰고 있습니다.</u>

··· 주시기 바랍니다.

붙임ㅇㅇ○○○계획서ㅇ1부.ㅇㅇ끝.

'붙임'의 글자를 '붙∨임'과 같이 띄어 쓰거나 붙임 뒤에 쌍점(:)을 찍지 않고 '붙임' 그대로 작성합니다.

[예] 붙임(○), 붙∨임(×), 붙임:(×)

·· 주시기 바랍니다.

붙임∨∨1.∨○○○계획서∨1부.
　　　　2.∨○○○서류∨1부.∨∨끝.

붙임의 첨부물이 2가지 이상인 때에 항목을 구분하여 표시합니다.

이 말은 아래 ①번과 같이 2가지 첨부물을 하나로 묶어서 작성하지 않고 ②번처럼 항목 기호를 구분하여 각각 작성한다는 뜻입니다.

① 붙임　입사 지원서 및 자기소개서 각 1부.　끝. (×)

② 붙임　1. 입사 지원서 1부.

　　　　2. 자기소개서 1부.　끝. (○)

붙임을 작성할 때 가장 많이 하는 질문이 붙임이 2개일 때 첫째 항목에서 '1부' 뒤에 마침표를 찍느냐는 것입니다. '붙임'에서 '1부'를 쓸 때는 붙임의 개수와 상관없이 '1부' 앞에는 1타 띄우고 뒤에는 반드시 마침표를 찍습니다.

[예] ∨1부.

붙임이 올바르게 표기된 것은?

①

(본문) ──── 하시기 바랍니다.

붙V임VV1.V000계획서V1부.
       2.V000서류V1부.VV끝.

②

(본문) ──── 하시기 바랍니다.

붙임VV1.V000계획서V1부.
       2.V000서류V1부.VV끝.

③

(본문) ──── 하시기 바랍니다.

붙임V:V1.V000계획서V1부.
       2.V000서류V1부.V끝.

④

(본문) ──── 하시기 바랍니다.

붙임VV1.000계획서V1부.
       2.000서류V1부.V끝.

정답은 ②번입니다.

'1부'가 '1장'을 의미하나요?

'1부'의 '부'는 신문이나 책을 세는 단위입니다. '장'과는 쓰임이 다릅니다. 한 장으로 이루어진 경우도 '1부'로 쓰고, 여러 장으로 되어 있더라도 하나의 묶음으로 된 것이라면 '1부'로 씁니다.

붙임으로 한글 문서 10개를 압축(ZIP) 파일로 첨부했을 때 '1부'인가요, '10부'인가요?

행정안전부의 "행정업무운영 편람"에 따라 원칙적으로 첨부물이 2가지 이상인 경우에는 항목을 구분해야 하므로 첨부 문서의 압축은 지양하고 각각의 문서를 표시해야 합니다.

시도교육청의 'K-에듀파인', 대학교의 '코러스'와 지방자치단체의 '온나라'에서는 압축(ZIP) 문서의 첨부가 가능하기 때문에 이런 질문을 종종 합니다.

먼저 붙임으로 '입사 지원서' 한글 문서 10개를 압축(ZIP) 파일 1개로 첨부한 경우입니다. 원칙은 각각의 한글 문서 총 10개를 첨부해야 하지만, 편의상 압축(ZIP) 문서 1개로 첨부했습니다. 이때는 압축하기 전의 형태를 살려서 '입사 지원서 10부'로 표기합니다.

다음으로 붙임에 '입사 지원서' 한글 문서 5개와 '자기소개서' 한글 문서 5개를 압축(ZIP) 파일 1개로 첨부한 경우입니다. 이때도 압축하기 전의 형태인 '1. 입사 지원서 5부', '2. 자기소개서 5부'로 표기합니다.

즉, "첨부물이 2가지 이상인 때에는 항목을 구분하여 표시한다"는 규정에 따라, 편의상 압축했더라도 <u>압축하기 전의 형태를 모두 밝혀 작성합니다.</u>

스캔 파일(PDF)의 경우에도 압축 파일(ZIP)과 동일하게 적용합니다.

입사 지원서 10부를 1개의 파일로 압축(ZIP)해서 붙임으로 첨부했다면?

붙임   입사 지원서 10부. 끝.

입사 지원서 5부와 자기소개서 5부를 1개의 파일로 압축(ZIP)해서 붙임으로 첨부했다면?

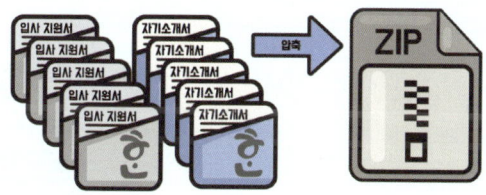

붙임   1. 입사 지원서 5부.
         2. 자기소개서 5부. 끝.

59. '별도 송부'를 올바르게 표기하는 방법

```
계획서∨1부(별도∨송부).∨∨끝.
계획서∨1부.(별도∨송부)∨∨끝.
계획서∨1부.∨(별도∨송부)∨∨끝.
```

'별도 송부'의 작성은 행정안전부의 "행정업무운영 편람"이나 「국어기본법」의 어문규범에서 정하고 있지 않은 사항입니다.

계획서 1부를 별도로 보내고자 한다면 '붙임∨∨계획서∨1부(별도∨송부).∨∨끝.'과 같이 표기하면 됩니다. '별도'는 '따로', '송부'는 '보냄'으로 다듬어 씁니다.

지방자치인재개발원의 "행정업무운영실무" 예시문에서 '별송'의 형태를 찾아볼 수 있습니다. 국립국어원 표준국어대사전에서 별송은 '별도로 보냄'을 의미하며, 사전에 등재된 말이지만 공문서를 작성할 때는 '별도 송부'의 원래 형태 그대로 표기하기를 권장합니다.

60. 첨부 파일의 이름을 붙임에 그대로 표기하나요?

「행정업무의 운영 및 혁신에 관한 규정」 제7조제2항에 "문서의 내용은 간결하고 명확하게 표현하고 일반화되지 않은 약어와 전문용어 등의 사용을 피하여 이해하기 쉽게 작성하여야 한다"라고 되어 있습니다.

파일명 그대로 표기?
간단하게 줄여서 표기?

> (본문)··· 주시기 바랍니다.
>
> 붙임ⅤⅤ○○계획서Ⅴ1부.ⅤⅤ끝.

따라서 파일명을 있는 그대로 작성해도 되지만, 간결하게 표현할 수 있습니다.

 붙임 파일명이 길어져서 두 줄 이상이 되었을 때

아래 예시처럼 붙임 파일명이 길어서 두 줄 이상이 되었을 때는 "항목이 두 줄 이상인 경우에 둘째 줄부터는 항목 내용의 첫 글자에 맞추어 정렬한다"는 규정에 따라 정렬하면 됩니다.

(본문) ·· 주시기 바랍니다.

붙임∨∨1.∨2025년 상반기 안전 보건 확보 의무 이행 사항 점검 결과 조치
　　　　사항 및 컨설팅 계획∨1부.
　　　 2.∨현장 점검표∨1부.∨∨끝.

"항목이 두 줄 이상인 경우에 둘째 줄부터는 항목 내용의 첫 글자에 맞추어 정렬한다.

61. 표나 문장으로 끝났을 때 '끝' 표시

본문이 표로 끝나는 경우(표의 마지막 칸까지 작성되는 경우)에는 표 아래 왼쪽 기본선에서 한 글자(2타) 띄우고 '끝' 표시를 합니다.

응시 번호	성명	생년월일	주소
10	이○○	1978. 1. 10.	서울특별시 종로구 ○○로 12
11	김○○	1982. 3. 11.	부산광역시 서구 ○○로 12

ⅤⅤ끝.

본문 또는 붙임 표시문이 오른쪽 한계선에서 끝났을 경우에는 그다음 줄의 왼쪽 기본선에서 한 글자(2타) 띄우고 '끝' 표시를 합니다.

………………………………………………………… 주시기 바랍니다.
ⅤⅤ끝.

이때 문장은 전체적으로 자간을 줄여서 '끝' 표시를 한 줄에 같이 정렬할 수도 있습니다.

………………………………………………………… 주시기 바랍니다. ⅤⅤ끝.

 표를 그리다가 중간에 끝났을 경우 '끝' 표시는?

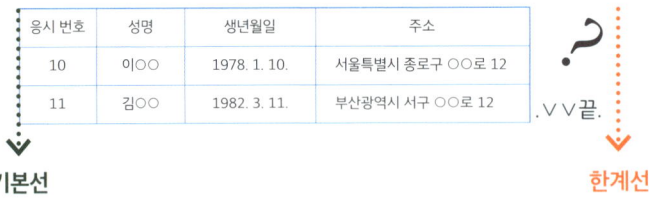

기본선   **한계선**

어떤 분이 표를 짧은 형태로 작성했을 때 "표가 끝난 마지막에 마침표를 찍고 한 글자(2타) 띄우고 '끝' 표시를 하느냐?"고 질문했습니다.

정답은 '아니요'입니다. 표를 먼저 정확하게 그리기 바랍니다. 표를 왼쪽 기본선에서 오른쪽 한계선까지 정확하게 위치하였다면 질문과 같은 상황은 없을 것입니다.

이름으로 끝났을 때 '끝' 표시는?

❶
1.
2.
3. 강사: ○○○, ○○○.∨∨끝.

❷
1.
2.
3. 강사: ○○○, ○○○∨∨끝.

①번처럼 작성합니다.
「행정업무의 운영 및 혁신에 관한 규정 시행규칙」 제4조에 따라 본문 내용의 마지막 글자에서 한 글자(2타) 띄우고 '끝' 표시를 합니다.

행정업무규정 제7조(문서 작성의 방법)에 따라 문서는 「국어기본법」 제3조제3호에 따라 어문규범에 맞게 한글로 작성합니다.

주의해야 할 띄어쓰기

296억∨달러, 5천억∨원, 50만∨명, 10만∨톤, 23만∨개, 50여∨회

'달러', '원', '명', '톤', '개', '회' 등 단위를 나타내는 명사는 앞말과 띄어 씁니다.

50여∨명의, 내일쯤, 20%가량, 1만∨원권 10만∨원어치, 100만∨원짜리

'-여', '-쯤', '-가량', '-권', '-어치', '-짜리'는 접미사로 앞말에 붙여 씁니다.

두∨가지

의존명사 '가지'를 사용할 때는 한 가지, 두 가지와 같이 띄어 씁니다.

5급∨상당, 30%∨정도, 30%∨이상, 10명∨이하, 30%∨미만

'상당', '정도', '이상', '이하', '미만' 등은 앞말과 띄어 씁니다.

건물∨밖, 시행∨이전, 경기∨전, 방과∨후

'안', '밖', '전', '후', '이내', '이전', '이후'는 앞말과 띄어 씁니다.

발전시키는∨데, 매입하는∨데

'데'가 '곳'이나 '장소', '일'이나 '것', '경우'의 뜻을 나타낼 때는 앞말과 띄어 씁니다.

전년∨대비

비교를 뜻하는 '대비'는 앞말과 띄어 씁니다.

'전년 대비'보다 '지난해보다'를 권장합니다.

복지∨관련∨시설, 관련∨법령

'관련'은 독립된 명사이므로 앞말과 띄어 씁니다.

'전-'

'모든' 또는 '전체'의 뜻을 나타내는 관형사 '전(全)'은 뒷말을 꾸미는 구조이므로, '전(全)∨직원'과 같이 띄어 씁니다. 그리고 직함이나 자격을 뜻하는 명사 앞에 쓰여 이전의 경력을 나타내는 '전(前)'도 관형사이므로, '전(前)∨직원'과 같이 띄어 씁니다.

'전교생'은 표준국어대사전에 '한 학교의 전체 학생'을 의미하는 한 단어로 등재되어 있으니 붙여 씁니다.

전(全)∨직원 (○), 전(前)∨직원 (○)

전교생(全校生) (○), 전교인(傳敎人) (○)

'총-'

'총'은 모두 합하여 몇임을 나타내는 관형사로 뒷말과 띄어 써야 합니다.

총∨300대

단, 접두사로 쓰일 때는 뒷말과 붙여 씁니다.

총면적, 총인원, 총감독, 총결산

'본'

'본'은 관형사로 뒷말과 띄어 씁니다. 한자어 '본'보다는 고유어 '이'를 권장합니다.

2025년부터 본∨제도 시행 → 2025년부터 이∨제도 시행

'본-'이 '바탕이 되는'의 뜻을 더하는 접두사로 쓰인 일부 단어에서는 붙여 씁니다.

본회의, 본고장, 본계약

'첫'

'첫해'는 한 단어이므로 붙여 씁니다.

'안∨된다', '안∨됩니다'

'안'은 '아니'의 준말입니다. 따라서 '아니 된다'를 '안 된다'로 쓰는 것이므로 띄어 씁니다.

'알려드립니다', '알려 드립니다'

'알리다'와 '드리다'는 각각의 낱말이므로 띄어 쓰는 것이 원칙이지만 '드리다'가 보조용언이므로 붙여 쓰는 것도 허용합니다. 따라서 '알려 드리니' 역시 띄어 쓰는 것이 원칙이나 붙여 쓰는 것도 허용합니다.

    알려∨드리니(원칙), 알려드리니(허용)
    알려∨드립니다(원칙), 알려드립니다(허용)

비슷한 경우로는 '삼가 주십시오'(원칙), '삼가주십시오'(허용)가 있습니다.

∨있다, ∨없다

'관계있다', '관계없다'와 같은 일부 단어를 제외하고 '있다', '없다'는 앞말과 띄어 씁니다.

    관심∨있는, 실효성∨있게, 내실∨있는, 차질∨없이, 착오∨없으시기

일✔년✔만에

학생✔수, 학급✔수, 시설✔수

만✔30세, 월✔2회

지원✔가능한

이틀✔동안, 일정✔기간

일정✔비율

연체✔여부, 승인✔여부, 인정✔여부

몇✔년에 걸쳐

어느✔선까지이며

첫✔번째, 두✔번째

1일✔차, 2일✔차, 1박✔2일, 1남✔2녀

구분해서 작성해야 할 표현들

첫째 주 토요일? 첫 번째 토요일!

달력을 보면 '첫째 주 토요일'이 언제인지 헷갈릴 때가 있습니다. 공문서는 뜻이 불분명한 표현은 피하고 명확하고 이해하기 쉽게 작성해야 합니다.

'첫째 주 토요일'보다는 '첫 번째 토요일' 또는 '첫째 주 토요일'에 날짜까지 적는 것이 명확하고 이해하기 쉬운 표기 방법입니다.

첫째 주 토요일 ⇨ 첫 번째 토요일/첫째 주 토요일(4. 5.)

'현안 문제', '현안 사항'

표준국어대사전에 '현안'은 '이전부터 의논하여 오면서도 아직 해결되지 않은 채 남아 있는 문제나 의안'을, '사항'은 '일의 항목이나 내용'을 뜻한다고 되어 있습니다.

'현안'에는 '문제나 의안'이라는 표현을 포함하고 있으므로 '현안 문제'라고 쓰지 않고 '현안' 또는 '현안 사항'으로 씁니다.

  현안 문제 ⇨ 현안/현안 사항

'기간', '동안', '기간 동안'

  '기간'은 '어느 때부터 다른 어느 때까지의 동안'을 의미하는 말이므로 '기간 동안'은 '기간'과 '동안'의 중복으로 보아서 '기간' 또는 '동안'으로 씁니다.(다만, 표준국어대사전에 '기간'의 예로 '이 기간 동안'이 있음을 고려하면 꼭 틀린 표현으로 보기는 어렵다는 의견도 있습니다.)

'지자체', '지방자치단체'

  '지자체'와 같이 준말(줄임말)을 사용할 때는 원래의 온전한 용어인 '지방자치단체'를 기재한 뒤 괄호 안에 '이하 지자체'라고 표기합니다.

  지자체 ⇨ 지방자치단체(이하 지자체)

'국·공립', '국공립'

  대등한 용어를 가운뎃점(·)을 사용해 줄여 쓸 수 있으나 '국공립', '공사립', '신구'처럼 표준국어대사전에 한 단어로 등재되어 있다면 가운뎃점을 사용하지 않습니다.

  국·공립(X), 국공립(○)

  신·구 대비표(X), 신구 대비표(○)

표준국어대사전에 한 단어로 등재된 사례: 국공립, 공사립, 시도, 시군, 신구, 대내외, 장차관, 인수인계, 인허가, 직간접, 통폐합, 승하차, 오남용

공통 성분을 줄여서 하나의 어구로 묶을 수 있으므로 '국립·공립·사립'은 '국·공·사립'으로도 쓸 수 있습니다.
국립·공립·사립(○), 국·공·사립(○)

표준국어대사전에 한 단어로 등재되어 있지 않다면 가운뎃점을 사용합니다.
제·개정, 정·현원

'주최', '주관'

주최: 전체적인 일을 기획하는 곳(상급 기관)
주관: 실질적인 일을 하는 곳(하급 기관)

'주최'는 '행사나 모임을 주장하고 기획하여 엶'을 뜻하고, '주관'은 '어떤 일을 책임지고 맡아 관리함'을 의미하므로 '주최'는 '상급 기관(계획하여 시행)', '주관'은 '하급 기관(진행)'이 하는 것이 일반적입니다.

다만, '교육청 주최/교육청 주관'과 같이 한 기관에서 행사나 모임을 기획하고 그 일을 진행할 수 있는데, 이때는 주최와 주관을 혼용하여 표현할 수 있습니다. '주최'와 '주관' 모두를 한곳에서 하면 '주최·주관'으로 씁니다.

'운용', '운영'

운용(運用): 자본, 법, 제도, 체제 등을 움직이게 하거나 부리어 씀
운영(運營): 조직, 기업, 기구, 사업체, 대학 학사 등을 운용하고 경영함

운용
대상을
움직여가면서
사용함

기금, 예산, 물품

운영
조직, 기구 등을
관리하며
움직여감

기업, 학교, 대회

'워크아웃', '워크숍'

'워크아웃'과 '워크숍'은 의미에 맞게 구분해서 써야 합니다.

'워크아웃(workout)'은 노동 조건의 유지 및 개선을 위하여, 또는 어떤 정치적 목적을 달성하고자 노동자들이 집단적으로 한꺼번에 작업을 중지하는 것을 뜻합니다.
'워크아웃'은 '기업 개선 작업'으로 다듬어 씁니다.

'워크숍(workshop)'은 학교 교육이나 사회 교육에서 학자나 교사의 상호 연수를 위하여 열리는 합동 연구 방식을 뜻합니다. 또한 교직자의 전문적인 성장과 교직 수

행에서 나타나는 여러 문제를 함께 생각하고 해결해 나가기 위한 협의회를 의미하기도 합니다. '워크숍'은 '공동 연수', '공동 수련'으로 다듬어 씁니다.

'한번', '한 번'

'한번'과 '한 번'을 쉽게 구분하는 방법은 다음과 같습니다. '두 번', '세 번'으로 바꾸어 뜻이 통하면 '한 번'으로 띄어 쓰고, 그렇지 않으면 '한번'으로 붙여 씁니다.

'한번'

'지난 어느 때나 기회' 예 한번은 길에서 그 사람과 우연히 마주친 일이 있었어.

'어떤 일을 시험 삼아 시도함' 예 한번 해보다.

'기회 있는 어느 때에' 예 우리 집에 한번 놀러 오세요.

'어떤 행동이나 상태를 강조' 예 너, 말 한번 잘했다.

'일단 한 차례' 예 한번 물면 절대 놓지 않는다.

'한∨번'

'번'이 차례나 일의 횟수를 나타내는 경우에는 '한∨번', '두∨번', '세∨번'과 같이 띄어 씁니다.

예 한∨번 실패하더라도 두∨번, 세∨번 다시 도전하자.

'약 100여 명', '약 100명', '100여 명'

'약 100여 명'에서 '약'은 '대강', '대략'의 뜻이고 '-여'는 '그 수를 넘음'을 뜻하는 접미사로 둘 다 어림잡은 수치를 나타냅니다. 따라서 '약 100명' 또는 '100여 명' 중 하나만 선택해서 씁니다.

'자문하다', '자문에 응하다'

'자문'은 '어떤 일을 좀 더 효율적이고 바르게 처리하려고 그 방면의 전문가나 전문가들로 이루어진 기구에 의견을 물음'을 뜻하므로 질문하는 입장인 '자문하다'나 질문에 답하는 입장인 '자문에 응하다'가 올바른 표현입니다.

자문하다, 문의하다, 묻다(○)

자문에 응하다, 자문에 답하다, 자문에 검토 의견을 내놓다(○)

자문을 받다(X), 자문을 얻다(X), 자문을 구하다(X), 자문을 요청하다(X)

'결제', '결재'

결제(決濟): 증권 또는 대금을 주고받아 매매 당사자 사이의 거래 관계를 끝맺는 일
 예 결제 자금, 어음의 결제

결재(決裁): 결정할 권한이 있는 상관이 부하가 제출한 안건을 검토하여 허가하거나 승인함
 예 결재 서류, 결재가 나다, 결재를 받다

'이전(이후)', '전(후)'

'이전', '이후'는 앞의 날짜를 포함합니다.

4월 1일 이전(이후): 4월 1일을 포함한다.

'전', '후'는 앞의 날짜를 포함하지 않습니다.

4월 1일 전(후): 4월 1일을 포함하지 않는다.

'~고', '~라고'

앞말이 직접 인용되는 말임을 나타내는 조사는 '라고'입니다.

"~가 중요하다"고 말했다 (X) ⇨ "~가 중요하다"라고 말했다. (O)

'이행하다'와 '달성하다'

계획은 '이행'하는 것이고, 목표는 '달성'하는 것입니다.

계획을 달성할 수 있도록 (X) ⇨ 계획을 이행할 수 있도록 (O)

목표를 이행할 수 있도록 (X) ⇨ 목표를 달성할 수 있도록 (O)

그 밖의 표현들

제고하기 ⇨ 높이기

'제고하기'라는 한자어보다는 '높이기'로 쓰는 것이 더 이해하기 쉽습니다.

지체ˇ없이 ⇨ 지체하지 않고, 지체함이 없이 ⇨ 바로, 곧바로

'지체 없이'보다는 '바로' 또는 '곧바로'가 더 쉬운 말입니다.

10매 ⇨ 10장

'매(枚)'는 종이나 널빤지를 세는 단위로 '장'으로 다듬어 씁니다.

p21, p26~29 ⇨ 21쪽, 26~29쪽

쪽수를 나타낼 때는 알파벳 'p'를 쓰지 않고 우리말인 '쪽'으로 바꾸어 적습니다.

익일, 익월, 익년 ⇨ 다음∨날, 다음∨달, 다음∨해

'어떤 날의 다음에 오는 날'을 뜻하는 '익일'의 순화어인 '다음∨날'은 띄어 씁니다.

> 표준국어대사전에 나오는 '다음날'과 '익일'의 순화어인 '다음∨날'은 구분해서 사용해야 합니다.
> 다음날: 정하여지지 아니한 미래의 어떤 날 예 다음날에 만나면 식사나 하죠.
> 다음∨날: 어떤 날의 다음에 오는 날 예 산장에서 하루 묵고 다음∨날 새벽에 출발했다.

타 학교, 타 시도 ⇨ 다른 학교, 다른 시도

'타(他)'는 '다른'의 뜻을 나타내는 관형사입니다. 한자어보다 쉬운 우리말을 씁니다.

동 건은/본 건은 ⇨ 이 건은

'동', '본'이라는 한자어 대신 순우리말 '이'를 쓰면 더 이해하기 쉽습니다.

개소 ⇨ 군데/곳

장소를 지칭하는 딱딱하고 어려운 한자어를 쉬운 우리말로 순화합니다.

레시피 ⇨ 조리법

이벤트 ⇨ 기획 행사

존(zone) ⇨ 구역

슬로건 ⇨ 구호/표어

셔틀버스 ⇨ 순환버스

언택트 ⇨ 비대면

온택트 ⇨ 영상 대면/화상 대면

블렌디드(Blended) 러닝 ⇨ 온오프 연계 교육/대면, 비대면 연계 교육

웨비나 ⇨ 화상 토론회

애자일(Agile) 조직 ⇨ 탄력 조직

모니터링 ⇨ 점검/실태 조사

포인트 ⇨ 적립금/적립 점수

매뉴얼 ⇨ 지침, 지침서, 설명서, 안내서

리플릿 ⇨ 광고지, 홍보물, 홍보지, 홍보 책자, 홍보 전단, 광고 쪽지

인프라 ⇨ 기반 시설

H.P. ⇨ 휴대전화

FAX ⇨ 팩스/전송

SMS ⇨ 문자 메시지

E-mail ⇨ 전자∨우편(원칙), 전자우편(허용)

홈페이지 ⇨ 누리집

팝업 창 ⇨ 알림창

가이드 ⇨ 안내자, 안내원, 길잡이, 지침서, 안내서

가이드라인 ⇨ 지침, 방침

가이드북 ⇨ 안내서, 지침서, 길잡이

로그인 ⇨ 접속

로그아웃 ⇨ 접속 해지

유관기관 ⇨ 관계∨기관

20일∨경 ⇨ 20일경 ⇨ 20일 무렵

제세 공과금 ⇨ 각종 세금(공과금)

일할 계산 ⇨ 날짜 계산

신년도 ⇨ 새해

구년도, 과년도 ⇨ 지난해

상기 ⇨ 위의

T/F팀 ⇨ TF팀 ⇨ 특별 팀/전담 팀

필히 ⇨ 반드시

면밀히 ⇨ 자세히

강구하다 ⇨ 마련하다

사료됨 ⇨ 생각함

수범사례 ⇨ 모범∨사례, 잘된 사례

금년 ⇨ 올해 / 금번 ⇨ 이번 / 금회 ⇨ 이번

향후 ⇨ 앞으로

통괄하다, 통할하다 ⇨ 총괄하다

첨부 서류 ⇨ 붙임 서류

당해 법인 ⇨ 해당 법인/이 법인

당일 ⇨ 그날

공란 ⇨ 빈칸

식순 ⇨ 차례

표찰 ⇨ 표지판/이름표

퇴청 ⇨ 퇴근

시건장치 ⇨ 잠금장치

징구 서류 ⇨ 요구 서류/요청 서류

시너지효과 ⇨ 상승효과

체크리스트 ⇨ 점검표

시방서 ⇨ 세부 안내서/세부 지침서

사양서 ⇨ 설명서

연면적 ⇨ 전체∨면적/총면적

과원 ⇨ 정원∨초과/인원∨초과

계약서(안)을 ⇨ 계약서(안)를

8.15 광복(원칙), 8·15 광복(허용)

3.1 운동(원칙), 3·1 운동(허용)

교육전문직, 전문직 ⇨ 교육전문직원

첫 대면할 경우 ⇨ 처음 대면할 때

서울 소재 ⇨ 서울에 있는

3부

결문

결문에는 '발신명의', '기안자·검토자·협조자·결재권자의 직위 또는 직급 및 서명', '생산등록번호와 시행일', '접수등록번호와 접수일', '행정기관의 우편번호·도로명 주소·홈페이지 주소·전화번호·팩스번호', '공무원의 전자우편 주소', '공개 구분'으로 구성되어 있습니다.

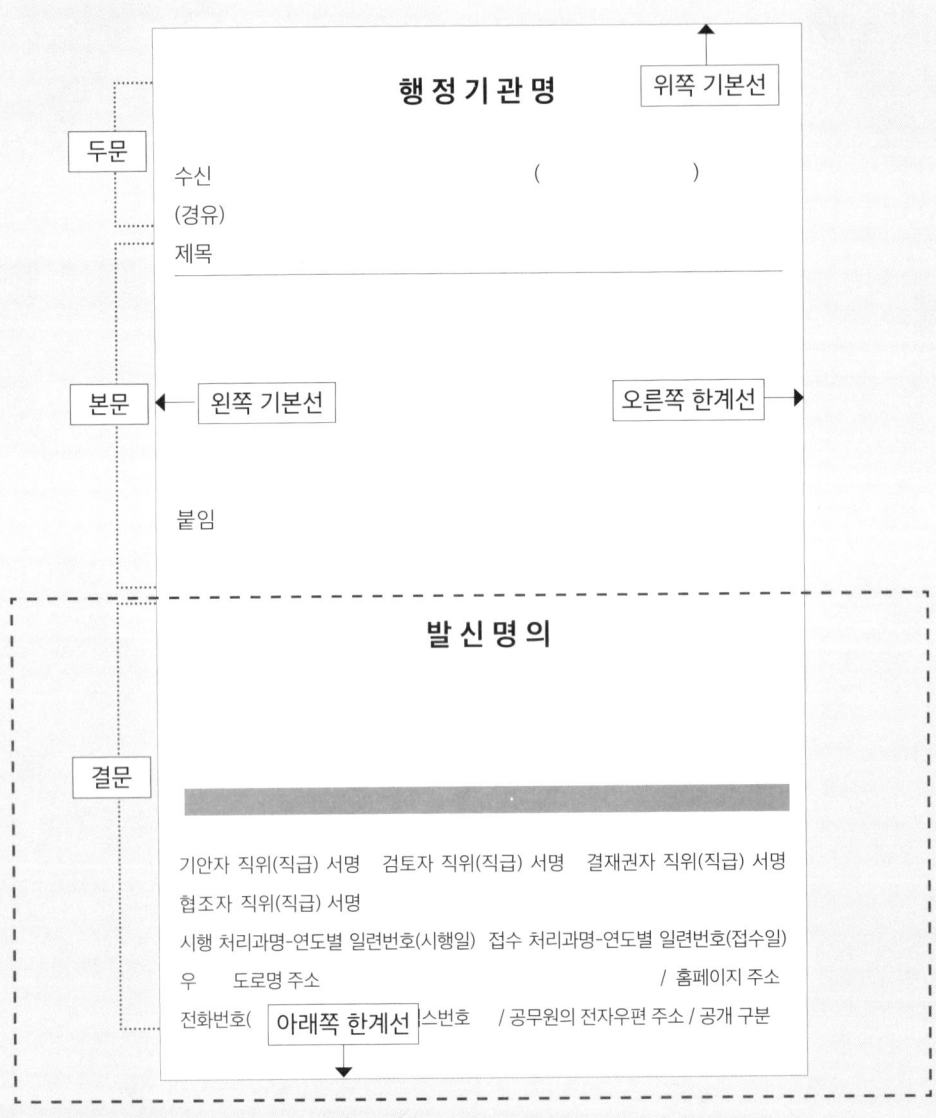

62. 발신명의

행 정 기 관 명
수신
(경유)
제목
발 신 명 의

행정기관의 장의 권한인 경우에는 해당 행정기관의 장의 명의로 발신합니다.

예) ○○○○부장관, ○○시장, ○○군수, ○○위원회위원장 등

합의제행정기관의 권한에 속하는 사항은 그 합의제행정기관의 명의로 발신합니다.

> 예 ○○위원회

※ 관인을 날인할 때 해당 합의제행정기관 명의의 청인(廳印)으로 날인합니다.
　관인은 중앙행정기관에서 사용하는 청인(행정기관의 명의로 된 관인)과 직인(행정기관의 장의 명의로 된 관인)이 있습니다.

법령에 따라 행정권한이 위임·위탁된 경우에는 그 위임 또는 위탁을 받은 자(수임자 또는 수탁자)의 명의로 발신합니다.

행정기관 내의 보조기관 및 보좌기관 상호 간에 발신하는 문서(대내문서)는 해당 보조기관 또는 보좌기관 명의로 발신합니다.

> 예 ○○과장, ○○담당관, ○○실장 등

발신할 필요가 없는 내부결재문서에는 발신명의를 표시하지 않습니다.

팁(TIP)

보조기관, 보좌기관, 합의제행정기관?

보조기관

행정기관의 의사 또는 판단의 결정이나 표시를 보조하는 기관을 의미합니다.

예 차관, 차장, 실장, 국장 및 과장, 본부장, 단장, 부장, 팀장

예 부지사, 부시장, 부군수, 부구청장, 실·본부·단·부, 국, 과·팀

보좌기관

행정기관이 그 기능을 원활하게 수행할 수 있도록 그 기관장이나 보조기관을 보좌하는 기관을 의미합니다.

예 차관보, 정책관, 기획관, 담당관

합의제행정기관

소관사무의 일부를 독립하여 수행할 필요가 있을 때 법률이 정하는 바에 따라 행정기능과 규칙을 제정할 수 있는 준입법적 기능 및 이의의 결정 등 재결을 행할 수 있는 준사법적 기능을 가집니다.

예 행정위원회

 직속기관, 사업소, 출장소, 구청, 읍, 면, 동의 문서 발신명의는?

「지방자치단체의 행정기구와 정원기준 등에 관한 규정」및 해당기관의 행정기구 설치 조례에 따라 설치된 직속기관, 사업소, 출장소, 구청, 읍, 면, 동에서 대외기관으로 문서를 발송하는 경우, 발신명의는 해당 기관장(직속기관장, 사업소장, 출장소장 등) 명의로 발신합니다.

다만, 상급기관이나 하급기관을 거쳐서 발신할 필요가 있는 문서는 해당 기관을 경유하여 발신할 수 있습니다.

 '관인 생략'으로 발송하는 경우는?

행정기관의 장 또는 합의제기관의 명의로 발신하는 문서의 발신명의에는 관인(전자 이미지 관인을 포함)을 찍습니다.

관인은 발신명의 표시의 <u>마지막 글자가 인영(印影: 도장을 찍은 모양)의 가운데에 오도록</u> 합니다.(다만, 등본·초본 등 민원 서류를 발급할 때 사용하는 직인은 발신 명의 표시의 오른쪽에 찍을 수 있습니다.)

직인은 「행정업무의 운영 및 혁신에 관한 규정」 [별표] 관인의 규격에 대통령 4.5㎝, 국무총리 3.6㎝ <u>그 밖의 행정기관의 장은 3㎝</u>로 정하고 있습니다.(이 길이는 사각형인 경우 한 변의 최대 길이, 원 또는 다각형인 경우에는 최대 지름 또는 대각선으로 합니다.)

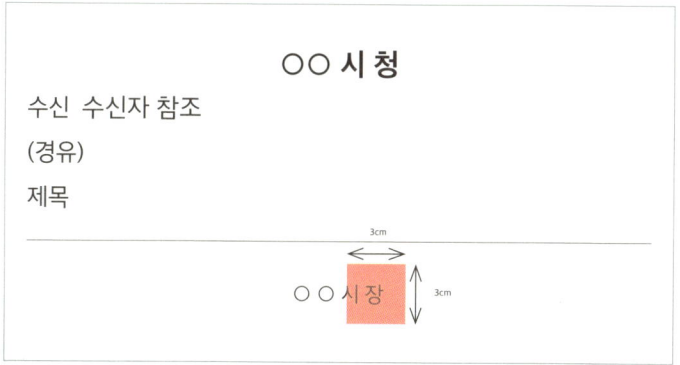

행정기관 내의 보조기관 또는 보좌기관 상호 간에 발신하는 문서의 발신 명의에는 보조기관 또는 보좌기관이 서명을 합니다.

관보나 신문 등에 실리는 문서에는 관인을 찍거나 서명하지 않습니다.

일일명령 등 단순 업무처리에 관한 지시문서와 행정기관 간의 단순한 자료요구, 업무연락, 통보 등을 위한 문서에는 발신명의 표시의 오른쪽에 관인 생략이나 서명 생략 표시를 하고 관인날인 또는 서명을 생략할 수 있습니다.

서명 생략의 표시: 보조(보좌)기관 간 발신문서

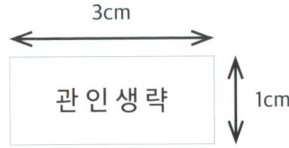

관인날인 생략의 표시: 행정기관장 및 합의제기관 명의의 발신문서

결재/전결/대결

결재(決裁)

결재란 법령에 따라 소관 사항에 대한 행정기관의 의사를 결정할 권한을 가진 자(주로 행정기관의 장)가 직접 그 의사를 결정하는 행위를 말합니다.

「행정업무의 운영 및 혁신에 관한 규정」에 따라 문서는 해당 행정기관의 장의 결재를 받되, 보조(보좌)기관의 명의로 발신하는 문서는 그 보조(보좌)기관의 결재를 받아야 합니다.

행정기관의 장이 결재하는 경우에는 기관장의 직위를 직위란에 간략히 표시하고 결재란에 서명합니다. 결재권자의 서명란에는 서명 날짜를 함께 표시합니다.

2025. 8. 8.
○○정책과장 **김과장** ○○기획관 **고국장** ○○실장 **한실장** ○○차관 **이차관** 장관 **전장관**
협조자

전결(專決)

행정기관의 장으로부터 업무의 내용에 따라 결재권을 위임받은 자(보조기관, 보좌기관, 업무담당 공무원)가 행하는 결재를 말합니다. 위임전결 사항은 해당 기관의 장이 위임전결규정 또는 지자체의 사무전결처리규칙 등으로 정합니다.

전결하는 사람의 서명란에 '전결' 표시를 한 후 서명합니다. 서명하지 않는 사람의 결재란은 설치하지 않습니다.

                           전결
                          2025. 8. 8.
정보공개정책과장 **김과장** 정부혁신기획관 **고국장** 정부혁신조직실장 **한실장**
협조자

대결(代決)

결재권자가 휴가, 출장, 그 밖의 사유로 결재할 수 없을 때에 그 직무를 대리하는 자가 행하는 결재를 말합니다. 대결한 문서 중에서 내용이 중요하다고 판단되는 문서는 결재권자에게 사후에 보고하여야 합니다.

위임전결 사항이 아닌 사항을 대결하는 경우('대결'만 표시)

대결하는 사람의 서명란에 '대결' 표시를 하고 서명하며, 서명하지 않는 사람의 결재란은 설치하지 않습니다.

행정기관장의 권한 사항을 직무대리자인 차관이 대결하는 경우

                                                                                                      대결
                                                                                                    2025. 8. 8.

○○정책과장 **김과장**   ○○기획관 **고국장**   ○○실장 **한실장**   차관 **이차관**

협조자

과장 권한 사항을 직무대리자(담당)가 대결하는 경우

                                                       대결

주무관   **김주무**   행정사무관   2025. 8. 8.

협조자   **김담당**

위임전결 사항을 대결하는 경우('전결과 대결'을 함께 표시)

전결권자의 서명란에는 '전결' 표시를, 대결하는 사람의 서명란에는 '대결'이라고 표시하고 서명하며, '전결' 표시를 하지 않거나 서명을 하지 않는 사람의 결재란은 설치하지 않습니다.

정부혁신조직실장 전결 사항을 직무대리자인 국장이 대결하는 경우

                                                                                                  대결
                                                                                               2025. 8. 8.

행정사무관 **임담당**   ○○과장 **김과장**   ○○기획관 **박국장**   정부혁신조직실장 **전결**

협조자

과장 전결 사항을 보조·보좌기관이 아닌 직무대리자가 대결하는 경우

| 주무관 김주무 | 행정사무관 | 대결
2025. 8. 8.
김담당 | 정보공개정책과장 **전결** |

협조자

기관장 부재 시 대결 및 전결의 표시 방법

① 위임전결 사항이 아닌 사항을 대결하는 경우('대결'만 표시)

| 담당 ○○○ | 과장 ○○○ | 국장 ○○○ | 부기관장 | 대결 2025. 8. 8.
○○○ |

기관장의 결재란을 설치하지 않고 대결하는 자의 서명란에 '대결' 표시를 하고 서명합니다.

② 위임전결 사항을 대결하는 경우('전결과 대결'을 함께 표시)

| 담당 ○○○ | 과장 | 대결 2025. 8. 8.
○○○ | 국장 전결 |

기관장 또는 서명하지 않는 사람의 결재란을 설치하지 않고 전결하는 사람의 서명란에 '전결' 표시를 하고, 대결하는 사람의 서명란에 '대결' 표시 후 서명합니다.

검토/협조

협조를 받는 절차가 정해져 있나요?

「행정업무의 운영 및 혁신에 관한 규정」에 정해진 절차는 없습니다. 다만, 결재 전에 협조를 받아야 합니다.

① 기안 부서와 협조 부서 간 동일 직급(위) 간에 교차적으로 서명을 거치거나,

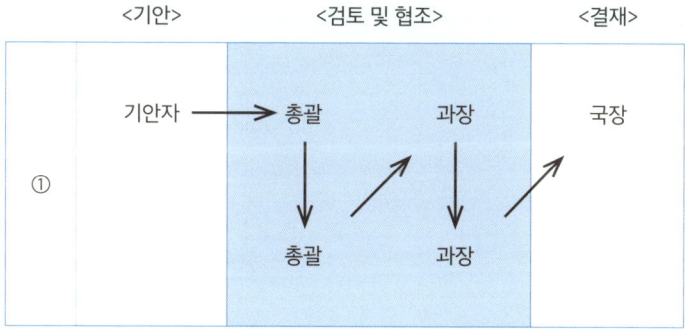

② 기안 부서의 검토를 모두 거친 후 협조 부서의 협조를 거쳐 기안 부서 결재권자의 결재를 받는 방법이 있습니다.

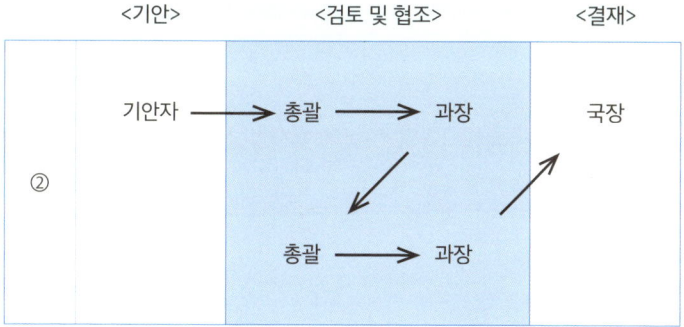

과장·국장 등의 협조가 필요한 경우 과·국장은 업무를 총괄하고 있으므로 실질적인 세부 업무에 대한 협의는 해당 업무 담당자 또는 총괄 책임자와 사전 협의를 한 후 과·국장의 협조 서명을 받는 것이 좋습니다.

결문은 본문 다음에 바로 이어지나요?

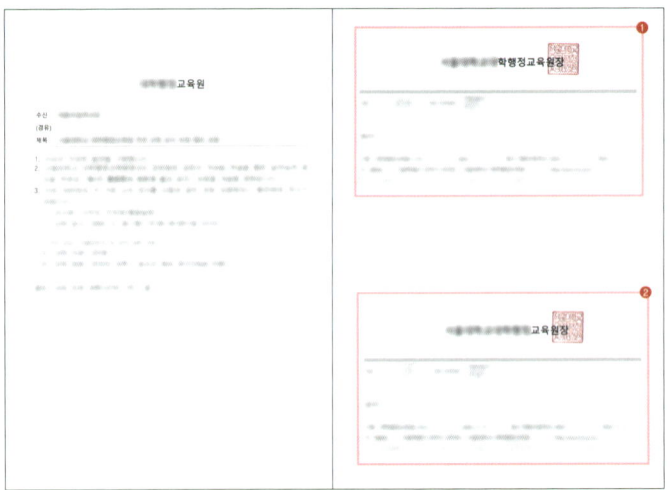

결문은 본문이 끝나고 1쪽 또는 2쪽의 맨 끝에 위치합니다. 예시의 ②번처럼 2쪽 본문이 여백인 상태로 결문이 2쪽 맨 끝 하단에 위치하는 경우도 있습니다.

공문서 작성 시 궁금한 사항은
이무하 강사의 블로그에서
<묻고 답하기>메뉴를 이용하시기 바랍니다.

1 중앙부처 공문서 바로 쓰기(사례 1)

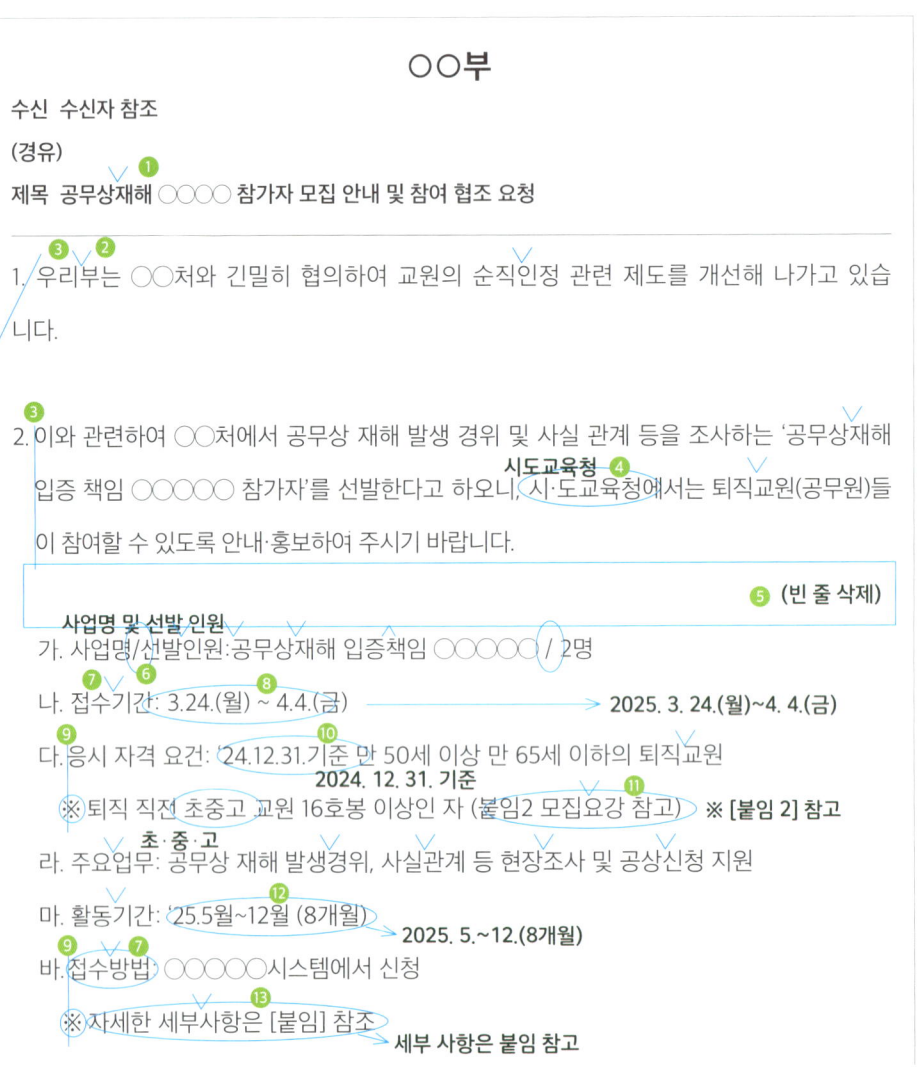

> 붙임 1. 모집 공고문 1부.
>   2. 선발 모집 요강 1부.
>   3. 참가신청서 및 활동계획서 1부. 끝.
>
>   3. 참가 신청서 1부.
>   4. 활동 계획서 1부. 끝.

① 공무상재해, 순직인정, 퇴직교원, 선발인원, 접수기간, 모집요강, 주요업무, 발생경위, 사실관계, 현장조사, 공상신청, 활동기간, 접수방법, 세부사항, 참가신청서, 활동계획서

⇨ 공무상∨재해, 순직∨인정, 퇴직∨교원, 선발∨인원, 접수∨기간, 모집∨요강, 주요∨업무, 발생∨경위, 사실∨관계, 현장∨조사, 공상∨신청, 활동∨기간, 접수∨방법, 세부∨사항, 참가∨신청서, 활동∨계획서

문장의 각 단어는 띄어쓰기를 원칙으로 합니다.

② 우리부 ⇨ 우리∨부

'우리나라', '우리말', '우리글'은 붙여 씁니다. 나머지는 띄어 씁니다.

③ 2번 항목에서 항목이 두 줄 이상인 경우 둘째 줄부터는 항목 내용의 첫 글자에 맞추어 정렬(Shift+Tab)하였습니다. 하나의 문서에서는 같은 형식으로 정렬한다는 원칙에 따라 1번 항목에서도 같은 규정을 적용하여 정렬(Shift+Tab)합니다.

④ 시·도교육청 ⇨ 시도교육청

④ '시도'는 표준국어대사전에 한 단어로 등재되어 있으므로 가운뎃점(·)을 사용하지 않습니다.

⑤ 항목 기호 '2.' 와 '가.'는 붙여서 작성합니다.

⑥ 사업명/선발인원:공무상재해 입증책임 ○○○○○ / 2명

⇨ **사업명 및 선발 인원: 공무상 재해 입증책임 ○○○○○, 2명**

빗금(/)은 대비되는 2개 이상의 어구를 묶어 나타낼 때 그 사이에 씁니다. 쉼표(,)는 같은 자격의 어구를 열거할 때 그 사이에 씁니다.

⑦ 접수기간, 접수방법 ⇨ **신청 기간, 신청 방법**

공문서는 공문을 읽는 사람 입장에서 이해하기 쉽게 작성해야 합니다.

⑧ 3.24.(월) ~ 4.4.(금) ⇨ **2025.∨3.∨24.(월)~4.∨4.(금)**

연도 전체를 분명하게 밝혀 작성합니다. 날짜는 숫자로 표기하되 연, 월, 일의 글자는 생략하고 그 자리에 마침표를 찍어 표시합니다. 물결표(~)는 앞말과 뒷말에 붙여 씁니다.

⑨ 다. 응시 자격 요건: 다. 응시 자격 요건:

　　※ 퇴직 직전   ⇨   ※ 퇴직 직전

참고표(※) 문장이 '다.' 항목에 포함되는 내용이라면, "항목이 두 줄 이상인 경우에 둘째 줄부터는 항목 내용의 첫 글자에 맞추어 정렬한다"는 원칙에 따라 참고표(※) 기호를 '응' 아래에 맞추어 정렬합니다.

⑩ '24.12.31.기준 ⇨ 2024.∨12.∨31.∨기준

연도 전체를 분명하게 밝혀 작성합니다. 날짜는 숫자로 표기하되 연, 월, 일의 글자는 생략하고 그 자리에 마침표를 찍어 표시합니다. 마침표는 '연, 월, 일'이라는 단위명사를 대신하여 적는 것이므로 한글로 적는 것과 문장부호로 적는 띄어쓰기가 같아야 합니다. 따라서 '기준'은 앞말과 띄어 씁니다.

⑪ 붙임2 모집요강 참고 ⇨ ※ [붙임∨2]∨참고

[붙임∨1]∨참고, [붙임∨2]∨참고와 같이 표기합니다. '모집 요강'이라고 표기하지 않아도 충분히 의도한 바를 나타낼 수 있습니다.

⑫ '25.5월~12월 (8개월) ⇨ 2025. 5.~12.(8개월)

연도 전체를 분명하게 밝혀 작성합니다. 날짜는 숫자로 표기하되 연, 월, 일의 글자는 생략하고 그 자리에 마침표를 찍어 표시합니다. 소괄호는(())는 붙여 씁니다.

⑬ 자세한 세부사항은 [붙임] 참조 ⇨ 세부∨사항은 붙임∨참고

'자세한 사항은 붙임 참고', '세부 사항은 붙임 참고'로 작성합니다. '붙임'은 '참조'가 아니라 '참고'를 써야 합니다. '참고'의 뜻은 우리가 붙임으로 첨부해서 붙여놓고 이것을 재료로 삼아서 보라는 뜻입니다.

⑭ 3. 참가신청서 및 활동계획서 1부. 끝. ⇨ 3. 참가∨신청서 1부.

                4. 활동∨계획서 1부.   끝.

첨부물이 2가지 이상인 때에는 항목을 구분하여 표시합니다.

2. 중앙부처 공문서 바로 쓰기(사례 2)

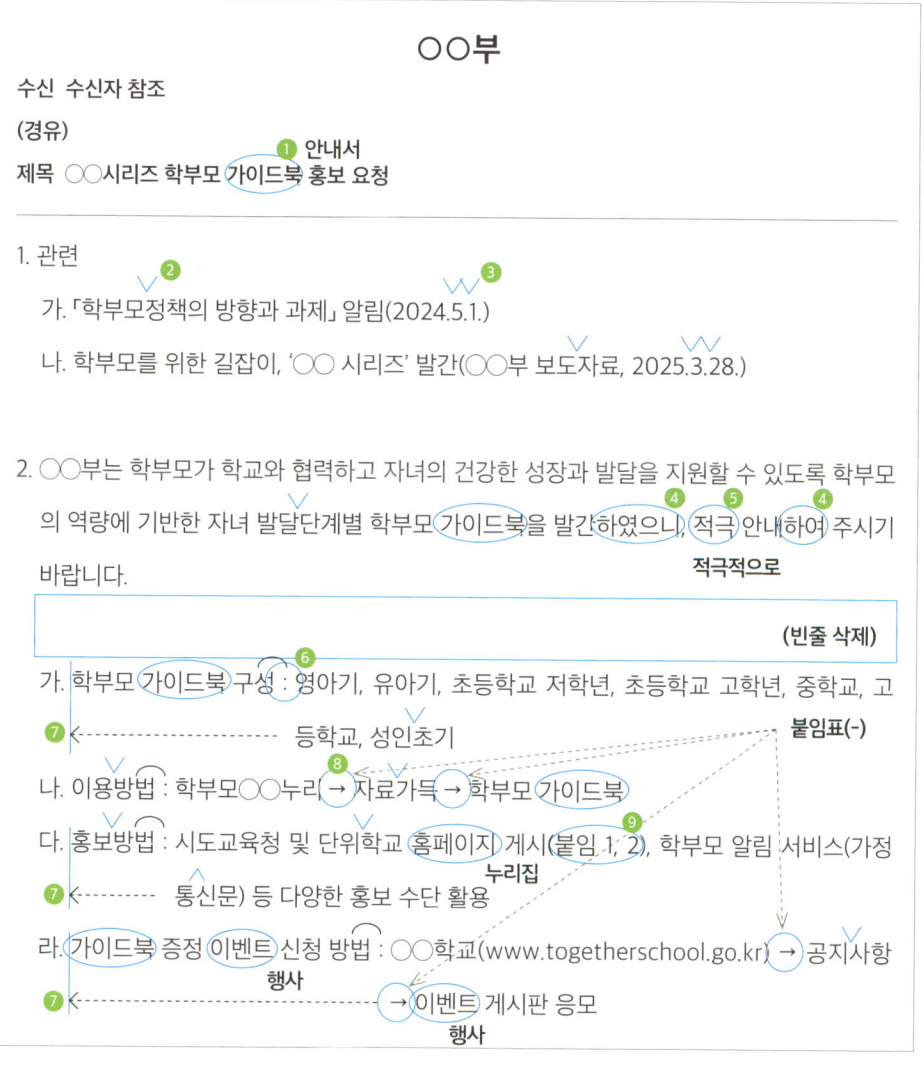

> ※ ⑩이벤트 기간 : ⑫'25.4.1.(화) ~ 4.18.(금)
> ⑪행사   2025. 4. 1.(화)~4. 18.(금)
>
> 붙임 1. 학부모 가이드북 홍보 포스터 1부.
>   행사
>   2. 학부모 가이드북 증정 이벤트 포스터 1부. 끝.

① 가이드북 ⇨ 안내서, 지침서, 길잡이

'가이드북'은 '안내서', '지침서', '길잡이'로 다듬어 씁니다.

② 학부모정책, 보도자료, 발달단계별, 성인초기, 이용방법, 자료가득, 홍보방법, 단위학교, 공지사항

⇨ 학부모∨정책, 보도∨자료, 발달∨단계별, 성인∨초기, 이용∨방법, 자료∨가득, 홍보∨방법, 단위∨학교, 공지∨사항

문장의 각 단어는 띄어쓰기를 원칙으로 합니다.

③ 2024.5.1. ⇨ 2024.∨5.∨1.

날짜는 숫자로 표기하되 연, 월, 일의 글자는 생략하고 그 자리에 마침표를 찍어 표시합니다.

월, 일 표기 시 '0'은 표기하지 않습니다. 날짜는 띄어 씁니다.

④ 하였으니/했으니, 안내하여/안내해

하였으니/했으니, 안내하여/안내해 모두 사용할 수 있는 표현입니다. 참고로 '하였으니'보다는 '했으니'가, '안내하여'보다는 '안내해'와 같은 준말 형태가 더 자연스럽다는 의견도 있습니다.

⑤ 적극 ⇨ 적극적으로

과도한 명사화 구성을 피하고 조사나 어미를 써서 의미를 명확히 표현합니다.

⑥ 구성 : ⇨ 구성:

쌍점(:)이 설명의 기능으로 쓰일 때 앞으로 붙이고 뒤로는 띄어쓰기합니다.

⑦ 가. 학부모 가이드북 구성 : 영아기, 유아기, 초등학교 저학년, 초등학교 고학년, 중학교, 고등학교, 성인초기

⇩

가. 학부모 가이드북 구성: 영아기, 유아기, 초등학교 저학년, 초등학교 고학년, 중학교, 고등학교, 성인 초기

항목이 두 줄 이상인 경우 둘째 줄부터는 항목 내용의 첫 글자인 '학' 아래에 맞추어 정렬합니다.

⑧ 학부모○○누리 → 자료가득 → 학부모 가이드북

⇨ 학부모○○누리-자료 가득-학부모 가이드북

붙임표(-)는 차례대로 이어지는 내용을 하나로 묶어 열거할 때 각 어구 사이에 앞말과 뒷말에 붙여 씁니다.

⑨ 시도교육청 및 단위학교 홈페이지 게시(붙임 1, 2)

⇨ [붙임∨1], [붙임∨2] 시도교육청 및 단위 학교 누리집 게시

[붙임∨1], [붙임∨2]와 같이 표기합니다. '홈페이지'는 '누리집'으로 다듬어 씁니다.

⑩ 라. 가이드북 증정   라. 가이드북 증정

※ 이벤트 기간   ⇨   ※ 이벤트 기간

참고표(※) 문장이 '라.' 항목에 포함되는 내용이라면, "항목이 두 줄 이상인 경우에 둘째 줄부터는 항목 내용의 첫 글자에 맞추어 정렬한다"는 원칙에 따라 참고표(※) 기호를 '가' 아래에 맞추어 정렬합니다.

⑪ 이벤트 ⇨ 행사

'이벤트'는 '기획 행사', '행사'로 다듬어 씁니다.

⑫ '25.4.1.(화) ~ 4.18.(금) ⇨ 2025. 4. 1.(화)~4. 18.(금)

연도는 일관성 있게 연도 전체를 분명하게 밝혀 작성합니다. 날짜는 띄어 쓰고, 물결표(~)는 앞말과 뒷말에 붙여 씁니다.

3 중앙부처 공문서 바로 쓰기 (사례 3)

○○부

수신 수신자 참조
(경유)
제목 ○○○ 피해자 지원시설 연계 협조 요청

1. ○○○ 피해자를 위한 귀 기관의 협조에 항상 감사드립니다.

2. ○○○○부에서는 「성폭력방지 및 피해자보호 등에 관한 법률」에 따라 ○○○ 피해자 보호·지원시설등(성폭력 피해상담소, 성폭력 피해자 보호시설, 성폭력 피해자 통합지원센터 등)을 설치·운영하며 심리, 정서, 신체적으로 위기상태에 있는 성폭력 피해자에게 <u>상담, 의료, 법률, 보호 등 서비스를 제공</u>하여 일상생활로 조속히 복귀할 수 있도록 지원하고 있습니다.

3. 이와 관련하여 ○○○○부에서 관리하고 있는 성폭력 피해 상담소 현황을 붙임과 같이 공유 드리오니 성폭력 피해가 발생했을 시 피해자에게 해당 시설로 적극 연계할 수 있도록 각 시·도 교육청 및 경찰청에서는 소속기관 및 유관기관에 관련 내용을 안내부탁드립니다.
  * 지역내 아동보호전담기관, 청소년상담복지시설, Wee스쿨(Wee센터) 등

- 성폭력 피해 보호시설의 경우 비공개 시설로 성폭력 피해 상담소 또는 긴급전화 1366을 통하여 연계될 수 있도록 안내하여 주시기 바랍니다.

붙임 : 성폭력 피해 상담소 현황(25년 1월 기준) 1부. 끝.

① 지원시설, 피해상담소, 보호전담기관, 청소년상담, 긴급전화

⇨ 지원∨시설, 피해∨상담소, 보호∨전담∨기관, 청소년∨상담, 긴급∨전화

각 단어는 띄어쓰기를 원칙으로 합니다.

② 보호^시설, 위기^상태, 소속^기관, 아동^보호, 복지^시설

띄어쓰기가 원칙이되 붙여쓰기를 허용합니다.

③ ○○○○부에서는 「성폭력방지 및 피해자보호 등에 관한 법률」에 따라 ○○○ 피해자 보호·지원시설 등(성폭력 피해상담소, 성폭력 피해자 보호시설, 성폭력 피해자 통합지원센터 등)을 설치·운영하며 심리, 정서, 신체적으로 위기상태에 있는 성폭력 피해자에게 상담, 의료, 법률, 보호 등 서비스를 제공하여 일상생활로 조속히 복귀할 수 있도록 지원하고 있습니다.

⇨ ○○○○부에서는 「성폭력방지 및 피해자보호 등에 관한 법률」에 따라 ○○○ 피해자 보호·지원시설 등(성폭력 피해상담소, 성폭력 피해자 보호시설, 성폭력 피해자 통합지원센터 등)을 설치·운영하고 있습니다. 심리, 정서, 신체적으로 위기상태에 있는 성폭력 피해자에게 상담, 의료, 법률, 보호 등 서비스를 제공하여 일상생활로 조속히 복귀할 수 있도록 지원하고 있습니다.

④ 이와 관련하여 ○○○○부에서 관리하고 있는 성폭력 피해 상담소 현황을 붙임과 같이 공유드리오니 성폭력 피해가 발생했을 시 피해자에게 해당 시설로 적극 연계할 수 있도록 각 시도 교육청 및 경찰청에서는 소속기관 및 유관기관에 관련 내용을 안내 부탁드립니다.

⇨ 이와 관련하여 ○○○○부에서 관리하고 있는 성폭력 피해 상담소 현황을 붙임과 같이 알려드립니다.

성폭력 피해가 발생했을 시 피해자에게 해당 시설로 적극적으로 연계할 수 있도록 각 시도교육청 및 경찰청에서는 소속기관 및 관계 기관에 관련 내용을 안내 부탁드립니다.

공문서 작성 시 유의 사항에는 4가지(정확성, 용이성, 성실성, 경제성)가 있습니다. 그중 용이성은 '쉬운 글'로 상대방 입장에서 이해하기 쉽게, 문장은 짧게 끊어서 표현하라는 것입니다.

⑤ 적극 ⇨ 적극적으로

과도한 명사화 구성을 피하고 조사나 어미를 써서 의미를 명확히 표현합니다.

⑥ 시·도 교육청 ⇨ 시도교육청

'시도'는 표준국어대사전에 한 단어로 등재되어 있으므로 가운뎃점(·)을 사용하지 않습니다.

⑦ 유관기관 ⇨ 관계∨기관

'유관기관'은 '관계∨기관'으로 다듬어 씁니다.

⑧ *지역내 ⇨ ※ 지역∨내

'*' 대신 참고표(※)를 사용합니다. '지역∨내'는 띄어 씁니다.

⑨ - 성폭력 피해 ⇨ 4. 성폭력 피해

문맥상 4번 항목으로 구분하여 작성하는 것이 자연스럽습니다.

⑩ 붙임 : 성폭력 ⇨ 붙임∨∨성폭력

붙임의 글자를 '붙∨임' 등으로 띄어 쓰거나 붙임 뒤에 쌍점(:)을 찍지 않습니다.

⑪ (25년 1월 기준) ⇨ (2025.∨1.∨기준)

연도 전체를 분명하게 밝혀 작성합니다. 날짜는 숫자로 표기하되 연, 월, 일의 글자는 생략하고 그 자리에 마침표를 찍어 표시합니다. 마침표는 '연, 월, 일'이라는 단위명사를 대신하여 적는 것이므로 한글로 적는 것과 문장부호로 적는 띄어쓰기가 같아야 합니다. 따라서 '기준'은 앞말과 띄어 씁니다.

4 중앙부처 공문서 바로 쓰기(사례 4)

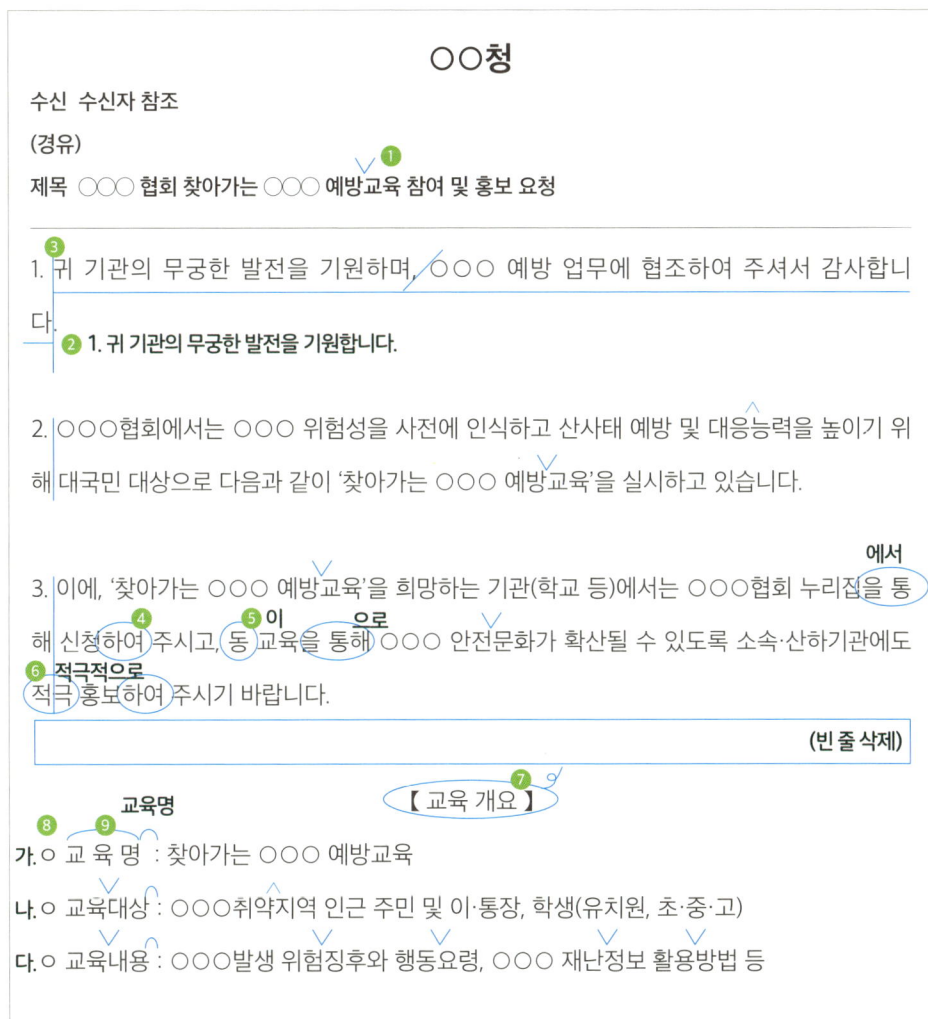

> 라. ○ 신청방법 : ○○○협회 누리집에 접속하여 신청서 제출
> ⑩ ※희망교육일 전월 10일까지 신청해야하며, 기타 교육관련 문의사항은 ○○○사무처 전략실(043-234-5678)로 문의하시기 바랍니다.
>
> 붙임 찾아가는 ○○○ 예방 교육 홍보 포스터 1부. 끝.

① 예방교육, 안전문화, 교육대상, 교육내용, 위험징후, 행동요령, 재난정보, 활용방법, 신청방법, 희망교육일, 문의사항

⇨ 예방∨교육, 안전∨문화, 교육∨대상, 교육∨내용, 위험∨징후, 행동∨요령, 재난∨정보, 활용∨방법, 신청∨방법, 희망∨교육일, 문의∨사항

문장의 각 단어는 띄어쓰기를 원칙으로 합니다.

② 귀 기관의 무궁한 발전을 기원하며, ○○○ 예방 업무에 협조하여 주셔서 감사합니다.

⇨ 귀 기관의 무궁한 발전을 기원합니다.

인사말은 간결하게 작성합니다.

③ 현재 정렬은 '허용'하기 때문에 가능하나, 1번, 2번, 3번 항목에서 "항목이 두 줄 이상인 경우에 둘째 줄부터는 항목 내용의 첫 글자에 맞추어 정렬(Shift+Tab)한다"는 원칙에 따라 정렬하는 것을 권장합니다.

④ 신청하여/신청해, 홍보하여/홍보해, 접속하여/접속해, 하여/해 모두 사용할 수 있는 표현입니다. 참고로 '신청하여'보다는 '신청해'와 같은 준말 형태가 더 자연스럽다는 의견도 있습니다.

⑤ 동 교육을 ⇨ 이 교육을

'동'이라는 한자어 대신 순우리말 '이'를 쓰면 이해하기 더 쉽습니다.

⑥ 적극 ⇨ 적극적으로

과도한 명사화 구성을 피하고 조사나 어미를 써서 의미를 명확히 표현합니다.

⑦【 교육 개요 】는 불필요하므로 삭제합니다.

⑧ 항목 기호는 1., 가., 1), 가), (1), (가), ①, ㉮의 형태로 통일해서 표시합니다. 여기서 'ㅇ' 대신에 '가.', '나.', '다.', '라.'로 작성합니다.

⑨ 교 육 명 : ⇨ 교육명:

한글맞춤법의 띄어쓰기 규정에 따라 띄어씁니다.

일부 명사 뒤에 붙어 그 명사의 '이름'의 뜻을 나타내는 '명'은 앞말에 붙여 씁니다.

쌍점(:)이 설명의 기능으로 쓰일 때 앞으로 붙이고 뒤로는 띄어 씁니다.

⑩ ㅇ 신청방법 :　　　　라. 신청∨방법:

　　※희망교육일　　⇨　　※∨희망∨교육일

참고표(※) 문장이 '라.' 항목에 포함되는 내용이라면, "항목이 두 줄 이상인 경우에 둘째 줄부터는 항목 내용의 첫 글자에 맞추어 정렬한다"는 원칙에 따라 참고표(※) 기호를 '신' 아래에 맞추어 정렬합니다.

5 중앙부처 공문서 바로 쓰기(사례 5)

○○부

수신 수신자 참조
(경유)
제목 2025년 공무원·공공분야 종사자 ○○○ 교육 안내 및 수강 협조요청

1. 귀 기관의 무궁한 발전을 기원합니다.

2. 우리 부는 소속 공공기관인 ○○○○○위원회를 통해 공무원 및 산하 공공기관 소속 직원을 대상으로 한 온라인 ○○○ 교육과정을 운영하고 있습니다.

3. ○○○ 전반에 대한 기초 개념, 사례 중심의 저작권 실무 등 공공업무 수행 과정에서 요구되는 저작권 실무 역량을 강화할 수 있는 주요 교육과정을 안내하오니, 소속 직원이 수강할 수 있도록 적극 협조 요청드립니다.

(빈 줄 삭제)

<교육 개요>
- 과 정 명: 실무에서 바로 쓰는 공무원을 위한 ○○○법, 공공기관 근무자를 위한 ○○○ 기초와 실무 등 총 12개 과정
- 교육수강: ○○○ e-배움터
- 교육문의: ○○○○○위원회 교육개발팀 운영자(055-123-1234)
- 기   타: 부처 공공기관으로 ○○○ 교육 수강 안내 공문 발송 협조 요청

가. 과정명:
나. 교육 수강:
다. 교육 문의:
라. 기타:

붙임: 2025년 공무원·공공분야 종사자 대상 ○○○ e-배움터 교육과정 안내 1부. 끝.

① 공공분야, 협조요청, 교육수강, 교육문의 ⇨ 공공∨분야, 협조∨요청, 교육∨수강, 교육∨문의

문장의 각 단어는 띄어쓰기를 원칙으로 합니다.

② 전반에 대한 ⇨ 전반의

'~에 대한'은 번역 투 표현이므로 다른 표현으로 다듬어 씁니다.

③ 적극 협조 요청드립니다. ⇨ 적극적인 협조를 요청드립니다.

과도한 명사화 구성을 피하고 조사나 어미를 써서 의미를 명확히 표현합니다.

④ - 과 정 명: 가. 과정명:

   - 교육수강: ⇨ 나. 교육 수강:

   - 교육문의: 다. 교육 문의:

   - 기   타: 라. 기타:

항목 기호는 1., 가., 1), 가), (1), (가), ①, ㉮의 형태로 통일해서 표기합니다. 여기서 '-' 대신에 '가.', '나.', '다.', '라.'로 작성합니다. 일부 명사 뒤에 붙어 그 명사의 '이름'의 뜻을 나타내는 말인 '명'은 앞말에 붙여 씁니다. 문장의 각 단어는 띄어쓰기를 원칙으로 합니다. 쌍점(:)에 맞추지 않고 한글맞춤법의 띄어쓰기에 따라 띄어 씁니다.

⑤ - 과 정 명: 실무에서 바로 쓰는 공무원을 위한 ○○○법, 공공기관 근무자를 위한

　　　　○○○ 기초와 실무 등 총 12개 과정

⇩

가. 과정명: 실무에서 바로 쓰는 공무원을 위한 ○○○법, 공공기관 근무자를 위한

　　○○○ 기초와 실무 등 총 12개 과정

"항목이 두 줄 이상인 경우에 둘째 줄부터는 항목 내용의 첫 글자에 맞추어 정렬한다"는 원칙에 따라 '과' 아래에 맞추어 정렬합니다.

⑥ 붙임: 2025년 ⇨ 붙임ⅴⅴ2025년

붙임의 글자를 '붙ⅴ임' 등으로 띄어 쓰거나 붙임 뒤에 마침표(.), 쌍점(:)을 찍지 않습니다.

6 공공기관 공문서 바로 쓰기 (사례 1)

○○부

수신 수신자 참조
(경유)
제목 ○○○ 인재원 2025년 공공기관 교육 안내

1. 귀 기관의 무궁한 발전을 기원합니다.

2. ○○○○인재원에서는 ○○○○부 산하 공공기관 소속직원의 역량강화 및 업무생산성 향상을 위하여 다음과 같이 「2025년 공공기관 교육」을 추진하오니, 공공기관 직원들의 많은 참여 바랍니다.

- 다 음 -

(빈 줄 삭제)

가. 교육일정: 2025년 2월 ~ 11월 2025. 2.~11.
나. 교육대상: ○○○○부 산하 공공기관 직원
다. 교육계획: 23과정, 42회
라. 교육영역: ※ 세부내용 【붙임1】 교육홍보 안내서 참조   라. 교육 영역: [붙임 1] 참고
  1) 직급별·리더십: 신규직원부터 은퇴예정자 및 임원까지 모든 직급별 교육
  2) 직무기본: 경영평가 대응, ESG, 인사노무 등
  3) 공통역량: 보고서 작성, 민원해결, 스피치 등

마. 교육 신청방법
　　　　　　　　　[붙임 2]
　　　1) 단체: [붙임2] 양식 작성 후 공문 회신
　　　　　　　　　　　　⑥ 누리집
　　　2) 개인: ○○○○인재원 홈페이지에 접속하여 교육과정명 검색 후 신청
　　바. 교육문의: ○○○○인재원 ○○사업부(043-111-1234)

붙임　1. 공공기관 교육 홍보 안내서 1부.
　　　2. 단체 교육신청 양식 1부.　끝.

① 공공기관, 역량강화, 경영평가, 교육과정 ⇨ 공공^기관, 역량^강화, 경영^평가, 교육^과정

띄어쓰기가 원칙이되 붙여쓰기를 허용합니다.

② 소속직원, 업무생산성, 교육일정, 교육대상, 교육계획, 교육영역, 세부내용, 교육홍보, 신규직원, 은퇴예정자, 직무기본, 인사노무, 공통역량, 민원해결, 신청방법, 교육문의, 교육신청

⇨ 소속∨직원, 업무∨생산성, 교육∨일정, 교육∨대상, 교육∨계획, 교육∨영역, 세부∨내용, 교육∨홍보, 신규∨직원, 은퇴∨예정자, 직무∨기본, 인사∨노무, 공통∨역량, 민원∨해결, 신청∨방법, 교육∨문의, 교육∨신청

문장의 각 단어는 띄어쓰기를 원칙으로 합니다.

③ '- 다 음 -' ⇨ 삭제

내용과 세부 내용 사이에는 '-아래-', '-다음-'을 쓰지 않고 바로 세부 내용을 작성합니다. '아래와 같이', '다음과 같이' 다음에 '-아래-', '-다음-'을 쓰는 것은 중복된 표현으로 또 쓸 필요가 없습니다. '2.' 항목과 '가.' 항목은 붙여서 작성합니다.

④ 2025년 2월 ~ 11월 ⇨ 2025. 2.~11.

날짜는 숫자로 표기하되 연, 월, 일의 글자는 생략하고 그 자리에 마침표를 찍어 표시합니다.

기간을 표시하면서 중복되는 부분을 생략하고 쓸 수 있습니다. 물결표(~)는 앞말과 뒷말에 붙여 씁니다.

⑤ 라. 교육영역: ※ 세부내용 【붙임1】 교육홍보 안내서 참조 ⇨ 라. 교육 영역: [붙임 1] 참고

공문에서 단지 업무에 도움이 될 만한 재료로 삼아서 보라는 뜻이라면 '붙임 참고'로 씁니다. 국립국어원의 "표준어 규정 해설"과 법제처의 "알기 쉬운 법령 정비 기준"에서는 '붙임'의 표기를 [붙임∨1], [붙임∨2] 등으로 제시하고 있습니다. 문장은 간결하고 명확하게 작성합니다.

⑥ 홈페이지 ⇨ 누리집

'홈페이지'는 '누리집'으로 다듬어 씁니다.

7. 공공기관 공문서 바로 쓰기 (사례 2)

○○개발원

수신 내부결재

(경유)

제목 ○○○ 특강 개최 계획 보고 ①

② ○○○○본부 인재개발실에서 다음과 같이 전 직원 대상 '○○○ 특강'을 개최하고자 ~~하오니~~

~~결재하여 주시기 바랍니다.~~ 합니다. ③

- 다 음 - ④

⑤ ⑥ ⑦
1. 가. 강의일시 : 2025. 4. 16.(수) 14:00~15:30

2. 나. 강의장소 : 본원 6층 대강당

3. 다. 강의대상 : 전 직원

4. 라. 강 사 명 : 이○○ ○○연구소장 ⑧

5. 마. 강의주제 : 몸과 마음을 안정시키는 이완 요가

　　- (이론) 명상요가, 나의 상태 진단하기 　가. 이론: 명상 요가, 나의 상태 진단하기 ⑨

　　- (실습) 오피스요가(강사 시범 진행) 　나. 실습: 오피스 요가(강사 시범 진행)

6. 바. 강의방식 : 강의(이론) 및 실습 병행

7. 사. 예산계획

　　- 총 소요비용 : 90,000원(음료비) 　가. 총 소요 비용: 금90,000원(금구만원) ※ 음료비 ⑩

　　- 예산항목 : 경상운영비 - 기타운영비 - 회의비 　나. 예산 항목: 경상운영비-기타운영비-회의비 ⑪

붙임 ⑫ 특강 개최 계획 보고 1부. 끝.

① ○○○ 특강 개최 계획 보고 ⇨ ○○○ 특강 개최 계획

내부결재 문서는 '~계획', '~개최'처럼 작성합니다.

② ∨○○○○본부 인재개발실에서 ⇨ ○○○○본부 인재개발실에서

항목이 하나인 경우 항목 기호를 부여하지 않습니다. 문장은 왼쪽 기본선에서 바로 시작합니다.

③ 개최하고자 하오니 결재하여 주시기 바랍니다. ⇨ 개최하고자 합니다.

내부결재 문서에서는 '~하고자 합니다'처럼 작성합니다. '결재하여 주시기 바랍니다'는 불필요한 표현입니다.

④ '- 다   음 -' ⇨ 삭제

내용과 세부 내용 사이에는 '-아래-', '-다음-'을 쓰지 않고 바로 세부 내용을 작성합니다. '아래와 같이', '다음과 같이' 다음에 '-아래-', '-다음-'을 쓰는 것은 중복된 표현으로 또 쓸 필요가 없습니다.

⑤ ∨가. 강의일시 ⇨ 1. 강의 일시

첫째 항목 기호는 '1.'입니다. 첫째 항목 기호는 왼쪽 기본선에서 시작합니다.

⑥ 강의일시, 강의장소, 강의대상, 강의주제, 강의방식, 예산계획, 소요비용, 예산항목

⇨ 강의∨일시, 강의∨장소, 강의∨대상, 강의∨주제, 강의∨방식, 예산∨계획, 소요∨비용, 예산∨항목

각 단어는 띄어쓰기를 원칙으로 합니다.

⑦ 가. 강의일시∨: ⇨ 1. 강의∨일시:

해당 항목에 설명을 붙일 때 쓰는 쌍점(:)의 앞은 붙여 쓰고 뒤는 1타 띄어 씁니다.

⑧ 강∨사∨명: ⇨ 강사명:

일부 명사 뒤에 붙어 그 명사의 '이름'을 나타내는 '명'은 앞말에 붙여 씁니다. 쌍점(:)에 맞춰서 정렬하지 않고 한글맞춤법의 띄어쓰기에 따라 씁니다. 쌍점(:)이 설명의 기능으로 쓰일 때 앞으로 붙이고 뒤로는 띄어 씁니다.

⑨ - (이론) 명상요가, 나의 상태 진단하기 ⇨ 가. 이론: 명상 요가, 나의 상태 진단하기

  - (실습) 오피스요가(강사 시범 진행)   나. 실습: 오피스 요가(강사 시범 진행)

항목 기호는 상위 항목부터 하위 항목까지 1., 가., 1), 가), (1), (가), ①, ㉮의 형태로 통일해서 표시합니다. 여기서 '특수 기호(-)'보다는 '가.', '나.'를 사용합니다. 소괄호(())는 주석이나 보충적인 내용을 덧붙일 때 씁니다. 여기서는 쌍점(:)으로 작성합니다.

⑩ 총∨소요비용∨: 90,000원(음료비) ⇨ 총∨소요∨비용:∨금90,000원(금구만원)∨※∨음료비

금액을 표시할 때는 아라비아숫자로 쓰되, 숫자 다음에 괄호를 하고 한글로 기재합니다.

⑪ **경상운영비∨-∨기타운영비∨-∨회의비** ⇨ **경상운영비-기타운영비-회의비**

붙임표(-)는 차례대로 이어지는 내용을 하나로 묶어 열거할 때 각 어구 사이에 앞말과 뒷말에 붙여 씁니다.

⑫ **붙임∨∨∨∨∨특강 개최** ⇨ **붙임∨∨특강 개최**

붙임 뒤에는 2타만 띄웁니다.

8 공공기관 공문서 바로 쓰기(사례 3)

○○○원

수신 내부결재

(경유)

제목 2024년 하반기 비밀기록물 소유현황 점검 및 이관 계획(안)

관련:
1. 관 련 : ○○○위원회 운영지원과-5678(2024.12.31.), "2025년도 하반기 비밀·대외비 소유 및 비밀취급인가자 현황 제출 요청"
(2024. 12. 31.) "2025년도

2. 2024년 하반기 비밀기록물 소유현황 파악 및 원안위 보고를 위하여 다음과 같이 부서별 점검을 추진하고자 합니다.

가. - 대   상: 전 부서(비밀기록물 미보관 부서 제외)
나. - 점검기간: 2025. 1. 3.(금) ~ 1. 9.(목)

3. 또한, 점검 이후 보호기간이 만료된 비밀기록물의 이관작업을 실시하고자 합니다.
2024. 12.까지
가. - 이관대상: 2024년 12월까지 보호기간이 만료된 비밀기록물(비밀문서, 대외비)
나. - 이관기간: 2025. 1. 10.(금) ~ *2. 28.(금) * 업무분장 등 부서별 일정에 따라 변경될 수 있음
다. - 이관장소: 1층 문서고   나. 이관 기간: 2025. 1. 10.(금)~2. 28.(금)
                                         ※ 업무 분장 등 부서별 일정에 따라 변경될 수 있습니다.

붙임 비밀기록물 소유현황 점검 및 이관 계획 1부. 끝.

① 소유현황, 점검기간, 이관작업, 이관대상, 이관기간, 이관장소

⇨ 소유∨현황, 점검∨기간, 이관∨작업, 이관∨대상, 이관∨기간, 이관∨장소

② 계획(안) ⇨ 계획

'계획(안)'은 '안(案)'이 곧 계획이므로, '계획'만 써도 표현하고자 하는 바를 나타낼 수 있습니다.

③ 관∨련∨: ⇨ 관련:

한글맞춤법의 띄어쓰기 규정에 따라 띄어 씁니다. 쌍점(:)이 설명의 기능으로 쓰일 때 앞으로 붙이고 뒤로는 띄어 씁니다.

④ (2024.12.31.),∨"2025년도 하반기……" ⇨ (2024.∨12.∨31.)∨"2025년도 하반기……"

날짜는 숫자로 표기하되 연, 월, 일의 글자는 생략하고 그 자리에 마침표를 찍어 표시합니다. 월, 일 표기 시 '0'은 표기하지 않고, 날짜는 띄어 씁니다. 관련되는 다른 공문서의 제목 표시는 쉼표(,)없이 한 타만 띄우고 제목을 큰따옴표("")로 묶습니다.

⑤ 비밀^취급, 보호^기간

띄어쓰기가 원칙이되 붙여 쓰기를 허용합니다.

⑥ - 대∨∨상: ⇨ 가. 대상:

항목 기호는 상위 항목부터 하위 항목까지 1., 가., 1), 가), (1), (가), ①, ㉮의 형태로 통일해서 표기합니다. 여기서 '특수 기호(-)'보다는 '가.', '나.'를 사용합니다. 한글맞춤법의 띄어쓰기 규정에 따라 띄어 씁니다.

⑦ 2025. 1. 3.(금)∨~∨1. 9.(목) ⇨ 2025. 1. 3.(금)~1. 9.(목)

물결표(~)는 앞말과 뒷말에 붙여 씁니다.

⑧ 2024년 12월까지 ⇨ 2024. 12.까지

날짜는 숫자로 표기하되 연, 월, 일의 글자는 생략하고 그 자리에 마침표를 찍어 표기합니다.

⑨ - 이관기간: 2025. 1. 10.(금)∨~∨*2. 28.(금) * 업무분장 등 부서별 일정에 따라 변경될 수 있음
  ⇨ 나. 이관∨기간: 2025. 1. 10.(금)~2. 28.(금)
   ※ 업무∨분장 등 부서별 일정에 따라 변경될 수 있습니다.

'*' 대신에 참고표(※)를 사용하여 구분하여 작성합니다. 참고표(※) 문장이 '나' 항목에 포함되는 내용이라면, "항목이 두 줄 이상인 경우에 둘째 줄부터는 항목 내용의 첫 글자에 맞추어 정렬한다"는 원칙에 따라 참고표(※) 기호를 '이' 아래에 맞추어 정렬합니다.

공문서에서는 '있음'과 같이 용언의 명사형으로 끝나는 문장은 권위적인 느낌을 줄 수 있으니 '있습니다'처럼 서술형으로 풀어 쓰도록 안내하고 있습니다.

9. 공공기관 공문서 바로 쓰기(사례 4)

○○공단

수신 내부결재

(경유)

제목 2025년 특별승진 내부위원 공개모집 안내

1. 관련근거: 2025년 제11차 인사위원회 결과(인재경영실-4110, 2025.4.10.)
1. 관련: 인재경영실-4110(2025. 4. 10.) "2025년 제11차 인사위원회 결과"
2. 특별승진 종합심사 공정성 확보를 위해 내부위원을 아래와 같이 공개모집하오니 참여 의사가 있으신 대상자께서는 지원 바랍니다. 희망자는 지원하시기 바랍니다.

(빈 줄 삭제)

　가. 지원대상: 지역본부장 *직무대리 포함 ※ 직무대리 포함

　나. 심사일시: 2024.11.28.(목), 오후 2시 2024. 11. 28.(목) 14:00

　다. 선정방법: 이해관계 여부 확인 → 추첨(지역본부장 3명)

　라. 지원서 접수 등 라. 지원서 제출 방법: 2024. 11. 22.(금) 18:00까지 [붙임 1] 양식으로 제출

　　- 11월 22일(금), 18:00 까지

　　- 붙임1의 양식으로 제출

　마. 기타사항

　　- 미지원으로 내부 심사위원 미달시 특별승진심사위원회 위원장이 지명

붙임 1. 내부위원 공모 지원서 1부. 끝.

① 특별승진, 내부위원, 공개모집, 관련근거, 지원대상, 심사일시, 선정방법, 기타사항, 심사위원

⇨ 특별∨승진, 내부∨위원, 공개∨모집, 관련∨근거, 지원∨대상, 심사∨일시, 선정∨방법, 기타∨사항, 심사∨위원

각 단어는 띄어쓰기를 원칙으로 합니다.

② 1. 관련근거: 2025년 제11차 인사위원회 결과(인재경영실-4110, 2025.4.10.)

⇨ 1.∨관련:∨인재경영실-4110(2025.∨4.∨10.)∨"2025년 제11차 인사위원회 결과"

행정안전부의 "행정업무운영 편람"에 관련되는 다른 공문서의 표시는 문서생산기관의 명칭, 생산등록번호, 생산날짜, 제목 순서대로 제시하고 있습니다.

③ 종합^심사, 직무^대리

띄어쓰기가 원칙이되 붙여쓰기를 허용합니다.

④ 참여 의사가 있으신 대상자께서는 지원 바랍니다. ⇨ 희망자는 지원하시기 바랍니다.

적절한 경어를 사용합니다. 간결하고 명확하게 표현합니다.

⑤ *직무대리 포함 ⇨ ※ 직무대리 포함

공문서에서는 참고표(※)를 사용합니다.

⑥ 2024.11.28.(목), 오후 2시 ⇨ 2024.V11.V28.(목)V14:00

날짜는 숫자로 표기하되 '연, 월, 일'의 글자는 생략하고 그 자리에 마침표를 찍어 표기합니다. '월, 일'은 '0'을 표기하지 않습니다. 시·분은 24시각제에 따라 숫자로 표기하고, 시·분의 글자 대신 그 사이에 쌍점(:)을 찍어 구분합니다.

⑦ 라. 지원서 접수 등

 - 11월 22일(금), 18:00 까지

 - 붙임1의 양식으로 제출

⇨ 라. 지원서 제출 방법: 2024. 11. 22.(금) 18:00까지 [붙임 1] 양식으로 제출

국립국어원의 "표준어 규정 해설"과 법제처의 "알기 쉬운 법령 정비 기준"에서는 '붙임'의 표기를 [붙임V1], [붙임V2] 등으로 제시하고 있습니다.

공문서는 작성하는 사람이 기준이 아닌 '공문서를 읽는 사람 입장에서 이해하기 쉽게 작성합니다. 예 접수 방법 → 제출 방법

⑧ - 미지원으로 ⇨ VV미지원으로

둘째 항목이 하나만 있는 경우 바로 위 항목 위치에서 2타만 띄우고 바로 시작합니다.

⑨ 미달시 ⇨ 미달V시

'시(時)'는 '어떤 일이나 현상이 일어날 때나 경우'를 뜻하는 의존명사로 '행사V

시', '참가∨시'와 같이 띄어 씁니다.

⑩ 붙임 1. 내부위원 ⇨ **붙임**∨∨**내부 위원**

항목이 하나만 있는 경우에 항목 기호를 부여하지 않습니다.

10 공공기관 공문서 바로 쓰기(사례 5)

○○공단

수신 수신자 참조

(경유)

제목 2025년 상담교수 전문화교육 계획 보고 ❶ ❷ 안내

---

1. 관련 문서 **1. 관련: 기획조정처-38(2025. 1. 4.) "2025년 전문화 교육 추진 계획 보고(알림)"**

    ○ 기획조정처-38(2025.01.04.) 『2025년 전문화교육 추진 계획 보고(알림)』 ❸

위 호와 관련하여

2. 위와 관련, ❹ 2025년 상담교수 전문화교육 계획을 다음과 같이 보고합니다. ❺ 안내합니다.

  가. 목　적 : 상담교육 표준화 및 상담교수 역량 강화 ❻❼

  나. 기　간 : 2025년 5월 29일(목)~30일(금)(1박 2일) ❽ 2025. 5. 29.(목)~30.(금)(1박 1일)

  다. 장　소 : 대한상공회의소

  라. 참석인원 : 50명(상담교수 47명, 진행요원 등) ❾

  마. 세부내용 : 붙임 참조 ❿ 참고

붙임 2025년 상담교수 전문화교육 계획(안). 끝. 계획 1부. ⓫

① 상담교수, 전문화교육, 상담교육, 참석인원, 진행요원, 세부내용

⇨ 상담∨교수, 전문화∨교육, 상담∨교육, 참석∨인원, 진행∨요원, 세부∨내용

문장의 각 단어는 띄어씀을 원칙으로 합니다.

② 보고 ⇨ 안내

발송하는 문서이므로 '보고' 보다는 '안내'로 작성합니다.

③ 1. 관련 문서

　○ 기획조정처-38(2025.01.04.)『2025년 전문화교육 추진 계획 보고(알림)』

⇨ 1. 관련:∨기획조정처-38(2025.∨1.∨4.)∨"2025년∨전문화∨교육∨추진∨계획∨안내"

'관련'을 '관련∨근거'로 작성하는 기관도 있으나 간단하게 '관련'으로 작성합니다. 날짜는 숫자로 표기하되 연, 월, 일의 글자는 생략하고 그 자리에 마침표를 찍어 표시합니다. 월, 일 표기 시 '0'은 표기하지 않습니다. 날짜는 띄어 씁니다. 행정안전부, "행정업무운영 편람"에 관련되는 다른 공문서의 제목 표시는 큰따옴표("")로 안내하고 있습니다.

④ 위와 관련, ⇨ 위∨호와 관련하여/위∨호에 따라

'위[上]'는 '위층'과 같은 일부 단어를 제외하고는 뒷말과 띄어 씁니다.

⑤ 보고합니다 ⇨ '안내합니다.', '안내하오니 업무에 참고하시기 바랍니다.'

발송하여 안내하는 문서이므로 '보고합니다'보다는 '안내합니다.' 또는 안내하오니 업무에 참고하시기 바랍니다.'로 작성합니다.

⑥ '목적', '기간', '장소'는 한글맞춤법의 띄어쓰기 규정에 따라 띄어 씁니다.

⑦ 쌍점(:)이 설명의 기능으로 쓰일 때 앞으로 붙이고 뒤로는 띄어 씁니다.

⑧ 2025년 5월 29일(목)~30일(금)(1박 2일) ⇨ 2025. 5. 29.(목)~30.(금)(1박 2일)

'2025. 5. 29.(목)~30.(금), 1박 2일'로 표현할 수도 있습니다.

날짜는 숫자로 표기하되 연, 월, 일의 글자는 생략하고 그 자리에 마침표를 찍어 표시합니다.

물결표(~)는 앞말과 뒷말에 붙여 씁니다. 소괄호(())는 주석이나 보충적인 내용을 덧붙일 때 쓰고, 쉼표(,)는 같은 자격의 어구를 열거할 때 그 사이에 씁니다.

⑨ 50명(상담교수 47명, 진행요원 등) ⇨ 50명(상담 교수 47명, 진행 요원 3명)

명확하고 이해하기 쉽게 작성합니다.

⑩ 붙임 참조 ⇨ 붙임 참고

공문에서 단지 업무에 도움이 될 만한 재료로 삼으라는 뜻에서 쓰는 말이라면 '참고'로 씁니다.

⑪ 계획(안). ⇨ 계획 1부.

'계획(안)'은 '이것이 계획, 즉 안입니다.'라는 뜻을 나타내고자 한 표현으로 보이지만, '안(案)'이 곧 계획이므로, '계획'만 써도 표현하고자 하는 바를 나타낼 수 있습니다. '1부'는 신문이나 책을 세는 단위로 '계획∨1부.'로 표기하는 것이 올바른 표기입니다.

11. 대학교 공문서 바로 쓰기(사례 1)

○○대학교

수신 수신자 참조
(경유)
제목 2025 ○○대학교 ○○페스티벌 개최에 따른 업무 협조 요청

1. 관련 (2025. 9. 24.) "2025년... 계획"
  가. 산학기획팀-00234(2025.09.24.)「2025년 ○○페스티벌 개최 계획」
  나. ○○운영실-00688(2025.09.27.)
    「2025 ○○대학교 산학협력총괄협의회 세미나 실시 계획」
  나. ○○운영실-00688(2025. 9. 27.) " 2025년 ○○대학교 산학협력총괄협의회 세미나 실시 계획"

2. 평소 산학협력단 업무 협조에 감사드립니다.
3. 위 호와 관련하여, 2025년 ○○페스티벌 개최에 따라 각 부서별 업무 협조 요청드리오니 협조해 주시기 바랍니다.

(빈 줄 삭제)

  가. 행사명 : 2025년 ○○페스티벌
  나. 일 시 : 2025.04.07.(월) 15:00~ 05.08.(화)18:00
                    2025. 4. 7.(월) 15:00~5. 8.(화) 18:00
  다. 장 소 : ○○대학교 서부캠퍼스 체육관
  라. 업무 협조 요청사항: 붙임 참조   협조 사항: 붙임 참고

붙임 2025년 ○○페스티벌 개최 관련 부서별 협조 사항 1부. 끝.

① 2025 ⇨ 2025년

'2025'와 같이 숫자만 쓰는 것은 관행적인 표현 방식입니다. 숫자만 표기하는 것은 지양하고, '년도'와 '년'을 명확히 구분하여 작성하는 것이 좋습니다.

② 1. 관련   1. 평소 산학협력단 업무 협조에 감사드립니다.
   2. 평소 산학협력단 업무 협조에 감사드립니다. ⇨   2. 관련

인사말을 먼저 작성하고, 관련 근거를 작성합니다.

③ 가. 산학기획팀-00234(2025.09.24.)「2025년 ○○페스티벌 개최 계획」

⇨ 가. 산학기획팀-00234(2025.∨9.∨24.)∨"2025년 ○○페스티벌 개최 계획"

날짜는 숫자로 표기하되 연, 월, 일의 글자는 생략하고 그 자리에 마침표를 찍어 표시합니다. 월, 일 표기 시 '0'은 표기하지 않습니다. 날짜는 띄어쓰기합니다. 행정안전부, "행정업무운영 편람"에 관련되는 다른 공문서의 제목 표시는 큰따옴표("")로 안내하고 있습니다.

④ 나. ○○운영실-00688(2025.09.27.)
   「2025 ○○대학교 산학협력총괄협의회 세미나 실시 계획」

⇨ 나. ○○운영실-00688(2025.∨9.∨27.)∨"2025년 ○○대학교········· 실시 계획"

관련 근거의 제목을 강제로 줄바꿈하지 않습니다. 관련 근거가 두 줄 이상인 경우 둘째 줄부터는 항목 내용의 첫 글자인 '○'에 맞추어 정렬합니다. 제목은 큰따옴표

(" ")로 묶습니다.

⑤ '1.' 항목과 '2.' 항목 사이를 가독성 있게 한 줄 띄었기 때문에 일관성 있게 '2.' 항목과 '3.' 항목도 한 줄 띄웁니다.

⑥ 위 호와 관련하여, 2025년 ⇨ 위 호와 관련하여 2025년

'위 호와 관련하여' 뒤에 쉼표(,)를 찍지 않습니다.

⑦ 가. 행사명∨: ⇨ 가. 행사명:

쌍점(:)이 설명의 기능으로 쓰일 때 앞으로 붙이고 뒤로는 띄어쓰기합니다.

⑧ 나. 일∨∨시∨: ⇨ 나. 일시:

다. 장∨∨소∨: 다. 장소:

한글맞춤법의 띄어쓰기 규정에 따라 띄어 씁니다.

⑨ 2025.04.07.(월) 15:00~ 05.08.(화)18:00 ⇨ 2025.∨4.∨7.(월)∨15:00~5.∨8.(화)∨18:00

날짜는 숫자로 표기하되 '연, 월, 일'의 글자는 생략하고 그 자리에 마침표를 찍어 표기합니다. '월, 일'은 '0'을 표기하지 않습니다. 물결표(~)는 앞말과 뒷말에 붙여 씁니다.

⑩ 업무 협조 요청사항 ⇨ 협조∨사항

간결하게 표현합니다. 각 단어는 띄어쓰기를 원칙으로 합니다.

⑪ 붙임 참조 ⇨ 붙임 참고

'붙임'은 '참조'가 아니라 '참고'를 써야 합니다. '참고'의 뜻은 우리가 붙임으로 첨부해서 붙여놓고 이것을 재료로 삼아서 보라는 뜻입니다.

12. 대학교 공문서 바로 쓰기(사례 2)

○○대학교

수신 수신자 참조
(경유)
제목 2025년 제11회 ○○푸드 축제 자원봉사자 모집 안내

1. 관련: ○○○센터-891(2025. 8. 14.)
2. ○○○센터에서는 "2025년 제11회 ○○푸드 축제" 자원봉사자를 아래와 같이 모집한다고 하오니 각 기관(부서)에서는 관심있는 구성원에게 안내하여 주시기 바랍니다.

   가. 행 사 명: 2025년 제11회 ○○푸드 축제 [행사명:]
   나. 일　 시: 2025. 10. 17.(금) ~ 10. 19.(일) 10:00~18:00
   다. 장　 소: ○○군 ○○○휴양림
   라. 활동내용: 환경정화 및 설문지
   마. 모집기간: 2025. 8. 14.(목) ~ 9. 30.(화)
   ※ 모집기간은 추후 일정에 따라 변동이 될 수 있음 있습니다.
   바. 요청사항: 자원봉사자 모집 안내문 홈페이지 게재 [누리집]
   사. 문　 의: ○○○센터 이○○(070-1111-1234)

붙임 1. 2025년 제11회 ○○푸드 축제 운영 계획 1부.
      2. 신청서 및 개인정보동의서 1부. 끝.　　2. 신청서 1부.
                                       3. 개인정보 동의서 1부. 끝.

① 관심있는 ⇨ 관심∨있는

'관계있다', '관계없다'와 같은 일부 단어를 제외하고 '있다', '없다'는 앞말과 띄어 씁니다.

② 가. 행∨사∨명: ⇨ 가. 행사명:

일부 명사 뒤에 붙어 '이름'의 뜻을 나타내는 말인 '명'은 앞말에 붙여 씁니다. 한글맞춤법의 띄어쓰기 규정에 따라 씁니다.

③ 나. 일∨∨∨∨시: ⇨ 나. 일시:

다. 장∨∨∨∨소: 다. 장소:

사. 문∨∨∨∨의: 사. 문의:

한글맞춤법의 띄어쓰기 규정에 따라 붙여 씁니다.

④ 2025. 10. 17.(금)∨~∨10. 19.(일) 10:00~18:00

⇨ 2025. 10. 17.(금)~10. 19.(일) 10:00~18:00

물결표(~)는 앞말과 뒷말에 붙여 씁니다.

⑤ 활동내용, 모집기간, 요청사항 ⇨ 활동∨내용, 모집∨기간, 요청∨사항

문장의 각 단어는 띄어쓰기를 원칙으로 합니다.

⑥ 마. 모집기간:　　　　마. 모집 기간:

※ 모집기간은　⇨　　※ 모집 기간은

참고표(※) 문장이 '마.' 항목에 포함되는 내용이라면, "항목이 두 줄 이상인 경우에 둘째 줄부터는 항목 내용의 첫 글자에 맞추어 정렬한다"는 원칙에 따라 참고표(※) 기호를 '모' 아래에 맞추어 정렬합니다.

⑦ 있음. ⇨ 있습니다.

공문서에서는 '있음'과 같이 용언의 명사형으로 끝나는 문장은 권위적인 느낌을 줄 수 있으니 '있습니다'처럼 서술형으로 풀어 쓰도록 안내하고 있습니다.

⑧ 홈페이지 ⇨ 누리집

'홈페이지'는 '누리집'으로 다듬어 씁니다.

⑨　2. 신청서 및 개인정보동의서 1부.　끝.　⇨　2. 신청서 1부.
　　　　　　　　　　　　　　　　　　　　　3. 개인정보 동의서 1부.　끝.

첨부물이 2가지 이상인 때에는 항목을 구분하여 표시합니다.

13. 대학교 공문서 바로 쓰기(사례 3)

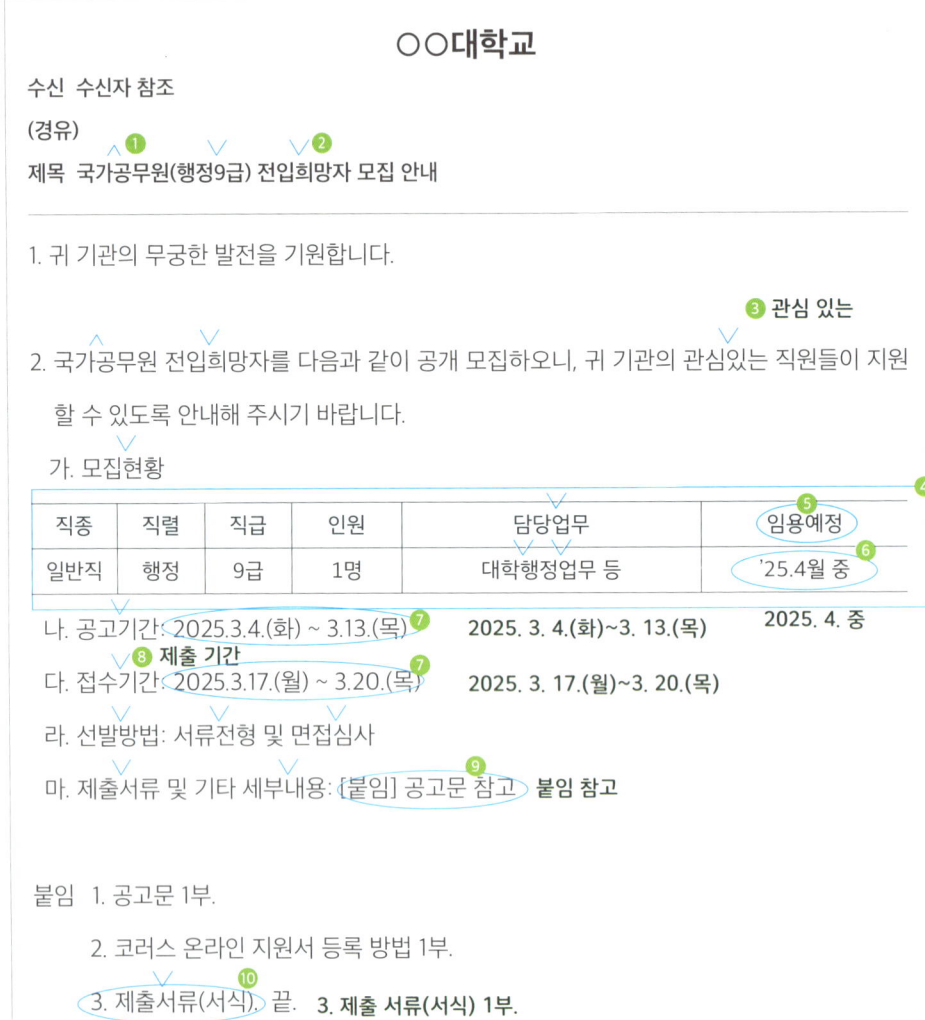

① 국가공무원 ⇨ 국가^공무원

　띄어쓰기가 원칙이되 붙여쓰기를 허용합니다.

② 전입희망자, 모집현황, 담당업무, 대학행정업무, 임용예정, 공고기간, 접수기간, 선발방법, 서류전형, 면접심사, 제출서류, 세부내용 ⇨ 전입∨희망자, 모집∨현황, 담당∨업무, 대학∨행정∨업무, 임용∨예정, 공고∨기간, 접수∨기간, 선발∨방법, 서류∨전형, 면접∨심사, 제출∨서류, 세부∨내용

　각 단어는 띄어쓰기를 원칙으로 합니다.

③ 관심있는 ⇨ 관심∨있는

　'관계있다', '관계없다'와 같은 일부 단어를 제외하고 '있다', '없다'는 앞말과 띄어 씁니다.

④ 행정안전부의 "행정업무운영 편람"에서는 표의 위치를 2가지로 제시하고 있습니다. 첫 번째, 왼쪽 기본선부터 오른쪽 한계선까지 전체를 사용합니다. 일반기안문에서 표는 기본적인 실선 형태 그대로 작성하는 것을 권장합니다.

⑤ 임용예정 ⇨ 임용∨예정일

　간결하고 명확하게 이해하기 쉽게 작성합니다.

⑥ '25.4월 중 ⇨ 2025.∨4.∨중

연도 전체를 분명하게 밝혀서 작성합니다. 날짜는 숫자로 표기하되 '연, 월, 일'의 글자는 생략하고 그 자리에 마침표를 찍어 표기합니다. '초(初)'는 '어떤 기간의 처음이나 초기'를, '중(中)'은 '무엇을 하는 동안'을, '말(末)'은 '어떤 기간의 끝이나 말기'를 의미합니다. '초(初)', '중(中)', '말(末)'은 앞말과 띄어 씁니다.

⑦ 2025.3.4.(화) ~ 3.13.(목) ⇨ 2025.∨3.∨4.(화)~3.∨13.(목)

2025.3.17.(월) ~ 3.20.(목)   2025.∨3.∨17.(월)~3.∨20.(목)

날짜는 숫자로 표기하되 '연, 월, 일'의 글자는 생략하고 그 자리에 마침표를 찍어 표기합니다. 물결표(~)는 앞말과 뒷말에 붙여 씁니다.

⑧ 접수기간 ⇨ 제출∨기간

공문서는 공문을 읽는 사람 입장에서 이해하기 쉽게 작성합니다. 각 단어는 띄어쓰기를 원칙으로 합니다.

⑨ [붙임] 공고문 참고 ⇨ 붙임 참고

간결하게 작성합니다.

⑩ 3. 제출서류(서식).   ⇨   3. 제출 서류(서식) 1부.

각 단어는 띄어쓰기를 원칙으로 합니다. 붙임에서 첨부물의 종류가 몇 부인지 표기합니다.

14 대학교 공문서 바로 쓰기(사례 4)

○○대학교

수신 수신자 참조
(경유)
제목 시설(대강당) 사용 허가 통보 ① 알림

1. 귀 단체의 무궁한 발전을 기원합니다.

2. 귀 단체에서 신청한 우리 대학교 시설물 사용을 아래와 같이 허가합니다.
   가. 시설물 사용 허가 내역 ② 내용

행사내용 ③	신청 및 허가 내역		비 고 ④
⑤	시설물명	사용 일시	
○○임직원 직무교육	대회의실 ⑥	2025.4.1.(화) 09:00~18:00 (9시간)	70명

   나. 사용료: 172,000원 ⑦ 금172,000원(금일십칠만이천원)
   다. 납부기한: 2025.3.28.(금)
   라. 납부계좌: 농협은행 811-01-111111, ○○학교

   필요한 기자재를 준비해 주시기 바라며,
3. ⑧ 아울러, 시설물 사용 전에 미리 필요한 기자재에 대한 준비를 부탁드리며, 시설물 사용 후에는 소등, 정리정돈 등 사후관리에 철저를 기하여 주시기 바랍니다.
   최선을 다해 주시기 바랍니다.

붙임 1. 시설물 사용료 수납원부 1부.
     2. 시설물 사용료 적용단가표 1부. 끝.

① 통보 ⇨ 알림

'통보'는 고압적이거나 권위적인 표현이므로 '알림'으로 순화하여 씁니다.

② 내역 ⇨ 내용

'내역'은 '물품이나 금액 따위의 내용'을 뜻하는 말로 '내용'으로 다듬어 씁니다.

③ 행사내용, 납부기한, 납부계좌, 수납원부, 적용단가표 ⇨ 행사∨내용, 납부∨기한, 납부∨계좌, 수납∨원부, 적용∨단가표

각 단어는 띄어쓰기를 원칙으로 합니다.

④ 비∨∨고 ⇨ 비고

한글맞춤법의 띄어쓰기 규정에 따라 붙여 씁니다.

⑤ 직무^교육, 사후^관리

띄어쓰기가 원칙이되 붙여쓰기를 허용합니다.

⑥ 2025.4.1.(화) 09:00~18:00∨(9시간) ⇨ 2025.∨4.∨1.(화) 09:00~18:00(9시간)

날짜는 숫자로 표기하되 '연, 월, 일'의 글자는 생략하고 그 자리에 마침표를 찍어 표기합니다.

'월, 일'은 '0'을 표기하지 않고 날짜는 띄어 씁니다. 소괄호(())는 주석이나 보충적인 내용을 덧붙일 때 씁니다. 여는 소괄호는 뒷말에 붙여 쓰고, 닫는 소괄호는 앞말에 붙여 씁니다.

⑦ 나. 사용료: 172,000원 ⇨ 나. 사용료: 금172,000원(금일십칠만이천원)

금액을 표시할 때는 아라비아숫자로 쓰되, 숫자 다음에 괄호를 하고 한글로 기재합니다.

⑧ 아울러, 시설물 사용 전에 미리 필요한 기자재에 대한 준비를 부탁드리며, 시설물 사용 후에는 소등, 정리정돈 등 사후관리에 철저를 기하여 주시기 바랍니다.

⇨ 아울러, 시설물 사용 전에 필요한 기자재를 준비해 주시기 바라며, 사용 후에는 소등, 정리정돈 등 사후관리에 최선을 다해 주시기 바랍니다.

문장은 간결하고 명확하게 이해하기 쉽게 작성하며, 적절한 경어를 사용합니다.

15 대학교 공문서 바로 쓰기(사례 5)

○○대학교

수신 수신자 참조
(경유)
제목 2025년 7월 신입직원 입문교육 「○○개론」 안내

                      2025. 7.
총무처 인사팀에서는 2025년 7월 신입직원 입문교육 「○○개론」을 다음과 같이 진행합니다. 이에 따라 신입직원 및 내부강사 소속 부서에서는 관련 교육에 대상자가 참석할 수 있도록 적극 협조하여 주시기 바랍니다.

                                                                                                                       적극적으로

1. 교육개요
   가. 교육기간 : 2025.7.7.(월)~7.11.(금), 5일간   교육 기간: 2025. 7. 7.(월)~7. 11(금), 5일간
     ※ 본 입문교육 수료 후, 2025.7.14.(월) 부로 신입직원 부서배치 예정
   나. 교육대상 : 총 50명(2025년 7월 임용 수습직원)   총 50명(2025. 7. 임용 수습 직원)
   다. 교육내용 : ○○에 대한 이해와 기본 직무지식 함양 / 비전과 전략 공유   함양, 비전과 전략 공유
2. 교육대상자 및 내부강사, 멘토 명단 : 첨부파일 참조   참고

붙임 ∨∨ 2025. 7.
붙 임 : 2025년 7월 신입직원 입문교육 ○○개론 운영개요 1부. 끝.

① 2025년 7월 ⇨ 2025. 7.

날짜는 숫자로 표기하되 '연, 월, 일'의 글자는 생략하고 그 자리에 마침표를 찍어 표기합니다. '월, 일'은 '0'을 표기하지 않습니다.

② 신입직원, 입문교육, 내부강사, 교육개요, 교육기간, 부서배치, 교육대상, 수습직원, 교육내용, 직무지식, 교육대상자, 운영개요

⇨ 신입∨직원, 입문∨교육, 내부∨강사, 교육∨개요, 교육∨기간, 부서∨배치, 교육∨대상, 수습∨직원, 교육∨내용, 직무∨지식, 교육∨대상자, 운영∨개요

문장의 각 단어는 띄어쓰기를 원칙으로 합니다.

③ 적극 ⇨ 적극적으로

과도한 명사화 구성을 피하고 조사나 어미를 써서 의미를 명확히 표현합니다.

④ 교육기간 : 2025.7.7.(월)~7.11.(금), 5일간 ⇨ 교육∨기간: 2025.∨7.∨7.(월)~7.∨11.(금), 5일간

문장의 각 단어는 띄어쓰기를 원칙으로 합니다. 쌍점(:)이 설명의 기능으로 쓰일 때 앞으로 붙이고 뒤로는 띄어 씁니다. 날짜는 숫자로 표기하되 '연, 월, 일'의 글자는 생략하고 그 자리에 마침표를 찍어 표기합니다. '월, 일'은 '0'을 표기하지 않습니다.

⑤ 가. 교육기간∨:　　　가. 교육∨기간:

　　※ 본 입문교육　⇨　※ 이 입문 교육

참고표(※) 문장이 '나.' 항목에 포함되는 내용이라면, "항목이 두 줄 이상인 경우에 둘째 줄부터는 항목 내용의 첫 글자에 맞추어 정렬한다"는 원칙에 따라 참고표(※) 기호를 '교' 아래에 맞추어 정렬합니다. 한자어 '본'보다는 고유어 '이'를 권장합니다.

⑥ 총 50명∨(2025년 7월 임용 수습직원) ⇨ 총 50명(2025.∨7. 임용 수습∨직원)

소괄호(())는 주석이나 보충적인 내용을 덧붙일 때 씁니다. 여는 소괄호는 뒷말에 붙여 쓰고, 닫는 소괄호는 앞말에 붙여 씁니다. 날짜는 숫자로 표기하되 '연, 월, 일'의 글자는 생략하고 그 자리에 마침표를 찍어 표기합니다. '월, 일'은 '0'을 표기하지 않습니다. 문장의 각 단어는 띄어쓰기를 원칙으로 합니다.

⑦ ○○에 대한 이해와 기본 직무지식 함양 / 비전과 전략 공유

⇨ ○○의 이해와 기본 직무∨지식 함양, 비전과 전략 공유

'~에 대한'은 번역 투 표현입니다. 쉼표(,)는 같은 자격의 어구를 열거할 때 그 사이에 씁니다.

⑧ 첨부파일 참조 ⇨ 첨부^파일 참고

'첨부^파일'은 띄어쓰기가 원칙이되 붙여쓰기를 허용합니다. 여기서는 '참조'가 아

니라 '참고'라고 써야 합니다.

⑨ 붙∨∨임∨: 2025년 7월 ⇨ 붙임∨∨2025.∨7.

'붙임'의 글자를 '붙∨임' 등으로 띄어 쓰거나 붙임 뒤에 쌍점(:)을 찍지 않습니다. 날짜는 숫자로 표기하되 '연, 월, 일'의 글자는 생략하고 그 자리에 마침표를 찍어 표기합니다. '월, 일'은 '0'을 표기하지 않습니다.

16 시도교육청 공문서 바로 쓰기(사례 1)

○○교육청

수신 수신자 참조
(경유)
제목 2025학년도 초등학교 신학년 집중 준비기간 운영 안내 ❶

1. 관련: ○○○과-12345(2024.11.2.) ❷
2. 2025학년도 신학년 집중 준비기간 운영 계획을 다음과 같이 안내하오니, 학교에서는 자체 계획을 수립하여 추진하시기 바랍니다.
   가. 운영 시기: 2025. 2월 중 3 ~ 5일 ❸ 2025. 2. 중(3~5일간)
   나. 운영 대상: 전 교원(2025.3.1.자 전입 교원 포함) ❹
   다. 운영 방법: 학교 자율적으로 결정하여 운영
   라. 운영 내용
  1) - 학교 교육과정 공유, 교사 교육과정 준비 ❺
  2) - '교사 교육과정의 이해' 과정 운영 등
     ※ 2025 교사 교육과정 워크숍 운영 계획(○○○과-23456, 2024.12.21.) 참고 ❻
   마. 지원사항 ❼   ※ ○○○과-23456(2024. 12. 21.) "2025 교사 교육과정 워크숍 운영 계획" 참고
    1) 전보대상자의 2월 나이스 권한 부여
    2) 교육과정 중심 학교 운영 지원을 위한 '3월 학생 집중의 달' 운영

붙임 2025학년도 신학년 집중 준비기간 운영 계획 1부. 끝.
❽ 붙임 2025 신학년 집중 준비기간 운영 계획. 끝.

① 준비^기간, 교육^과정

띄어쓰기가 원칙이되 붙여쓰기를 허용합니다.

② 2024.11.2. ⇨ 2024.∨11.∨2.

날짜는 숫자로 표기하되 '연, 월, 일'의 글자는 생략하고 그 자리에 마침표를 찍어 표기합니다.

③ 2025. 2월 중 3 ~ 5일 ⇨ 2025. 2. 중(3~5일간)

날짜는 숫자로 표기하되 '연, 월, 일'의 글자는 생략하고 그 자리에 마침표를 찍어 표기합니다. '연, 월, 일'을 마침표로 대신하려면 표기 방식을 통일합니다. 물결표 (~)는 앞말과 뒷말에 붙여 씁니다. '2월 중 3~5일'은 3일부터 5일까지 날짜인지, 3~5일간의 기간인지 헷갈리는 표현입니다. 문맥상 기간의 의미이므로 '3~5일간' 으로 의미를 명확하게 표현합니다.

④ 2025.3.1.자 ⇨ 2025.∨3.∨1.∨자

날짜는 숫자로 표기하되 연, 월, 일의 글자는 생략하고 그 자리에 마침표를 찍어 표시합니다. 월, 일은 '0'을 표기하지 않고, 날짜는 띄어 씁니다.
'자(字)'는 '날짜'를 뜻하는 명사이므로 앞말과 띄어 씁니다.

⑤ 항목 기호는 1., 가., 1), 가), (1), (가), ①, ㉮의 형태로 통일해서 표기합니다. 여기서 '-' 대신에 '1)', '2)'로 작성합니다.

⑥ - '교사 교육과정의 이해' 과정 운영 등

　　※ 2025 교사 교육과정 워크숍 운영 계획(○○○과-23456, 2024.12.21.) 참고

⇨ 2) '교사 교육과정의 이해' 과정 운영 등

　　※ ○○○과-23456(2024.∨12.∨21.)∨"2025학년도 교사 교육과정 워크숍 운영 계획"∨참고

참고표(※) 문장이 '2)' 항목에 포함되는 내용이라면, "항목이 두 줄 이상인 경우에 둘째 줄부터는 항목 내용의 첫 글자에 맞추어 정렬한다"는 원칙에 따라 참고표(※) 기호를 '교' 아래에 맞추어 정렬합니다. 행정안전부의 "행정업무운영 편람"에 관련되는 다른 공문서의 표기는 문서생산기관의 명칭, 생산등록번호, 생산날짜, 제목 순서대로 제시하고 있습니다.

⑦ 지원사항, 전보대상자 ⇨ 지원∨사항, 전보∨대상자

각 단어는 띄어쓰기를 원칙으로 합니다.

⑧ 붙임 2025 신학년 집중 준비기간 운영 계획. 끝.

⇨ 붙임∨∨2025학년도 신학년 집중 준비기간 운영 계획 1부. 끝.

'2025'와 같이 숫자만 쓰는 것은 관행적인 표현 방식입니다.

숫자만 표기하는 것은 지양하고, 되도록 '년도'와 '년'을 명확히 구분하여 작성하는 것이 좋습니다.

위에는 문맥상 학년도의 의미여서 학년도로 표기했습니다.

붙임에서 첨부물의 종류가 몇 부인지 표기해야 합니다.

17 시도교육청 공문서 바로 쓰기(사례 2)

○○교육청

수신 수신자 참조
(경유)
제목 2025년 ○○ 실천 사례 공모전 개최 안내

1. 관련: ○○과-1234(2025. 2. 11.) "2025년 ○○ 실천 사례 공모전 협조" ❶

2. 교육활동 실천 사례 공유로 수업혁신을 실현하기 위해 「2025년 ○○ 실천 사례 공모전」을 개최하니, 해당 교원, 전문직원이 적극 참여할 수 있도록 협조 바랍니다.
  ❷ ❸ ❹ **교육전문직원** ❺ **적극적으로** ❻ **협조해 주시기**

  가. 공모전명: ○○ 실천 사례 공모전
  나. 공모기간: 2025. 5. 23.(금) ~ 5. 30.(금) ❼
  다. 공모주제: [붙임] 참조 ❽ **붙임 참고**
  라. 공모편수: 50편(1인 1사례)
  마. 제출방법: 업무담당자 이메일(abc@korea.kr)로 제출 ❾ **전자우편**
  ❿ ※ 미 제출시 "해당 없음"으로 간주   미제출 시 '해당 없음'으로 처리합니다.
  바. 기타사항: 선정된 사례는 사례집 제작하여 배포 예정
  사. 문의: ○○교육청 ○○교육과 ○○○장학사(000-0000)
       을

붙임 2025년 ○○ 실천 사례 공모전 계획 1부. 끝.

① 1. 관련: ○○과-1234(2025. 2. 11.) 「2025년 ○○ 실천 사례 공모전 협조」

⇨ 1. 관련: ○○과-1234(2025. 2. 11.) "2025년 ○○ 실천 사례 공모전 협조"

행정안전부 "행정업무운영 편람"에 관련되는 다른 공문서의 제목 표시는 큰따옴표("")로 안내하고 있습니다.

② 교육^활동

띄어쓰기가 원칙이되 붙여쓰기를 허용합니다.

③ 수업혁신, 공모기간, 공모주제, 공모편수, 제출방법, 기타사항

⇨ 수업∨혁신, 공모∨기간, 공모∨주제, 공모∨편수, 제출∨방법, 기타∨사항

문장의 각 단어는 띄어쓰기를 원칙으로 합니다.

④ 전문직원 ⇨ 교육전문직원

'교육전문직원'은 장학관, 장학사, 교육연구사, 교육연구관 등을 부르는 명칭입니다. 정식 명칭으로 작성합니다.

⑤ 적극 ⇨ 적극적으로

⑥ 협조 바랍니다. ⇨ 협조해 주시기 바랍니다.

과도한 명사화 구성을 피하고 조사나 어미를 써서 의미를 명확히 표현합니다.

⑦ 2025. 5. 23.(금)∨~∨5. 30.(금) ⇨ 2025. 5. 23.(금)~5. 30.(금)

물결표(~)는 앞말과 뒷말에 붙여 씁니다.

⑧ [붙임] 참조 ⇨ 붙임 참고

'붙임'은 '참조'가 아니라 '참고'라고 써야 합니다. '참고'의 뜻은 우리가 붙임으로 첨부해서 붙여놓고 이것을 재료로 삼아서 보라는 뜻입니다.

⑨ 이메일 ⇨ 전자우편

이메일은 '전자우편'으로 다듬어 씁니다.

⑩ 마. 제출방법

※ 미∨제출시 "해당 없음"으로 간주

⇨ 마. 제출∨방법

※ 미제출∨시 '해당 없음'으로 처리합니다.

참고표(※) 문장이 '마.' 항목에 포함되는 내용이라면, "항목이 두 줄 이상인 경우에 둘째 줄부터는 항목 내용의 첫 글자에 맞추어 정렬한다"는 원칙에 따라 참고표(※) 기호를 '제' 아래에 맞추어 정렬합니다. '미(未)-'는 '그것이 아직 아닌'을 뜻하는 접두사로 붙여 씁니다. '시(時)'는 '어떤 일이나 현상이 일어날 때나 경우'를 뜻하는 의존명사로 띄어 씁니다. 해당 없음을 강조하였으므로 작은따옴표('')를 씁니다. '간주하다'는 '보다, 여기다, 치다'로 다듬어 씁니다.

18 시도교육청 공문서 바로 쓰기(사례 3)

○○교육청

수신 수신자 참조
(경유)
제목 2025. ○○○직원 상담 지원 제도 운영 계획 안내

1. 관련 : ○○과-1807(2025. 2. 10.)
2. 개인문제, 업무 부적응 등 노동자의 정신적 고충 해결을 위해「2025. ○○○직원 상담 지원 제도 운영 계획」을 다음과 같이 알려드리니 많은 ○○○직원이 참여할 수 있도록 안내하여 주시기 바랍니다.

　가. 2025. ○○○직원 맞춤형 상담·치료 지원 제도
　　1) - 대상 : ○○○교육감 소속 ○○○직원
　　2) - 시기 : 상시
　　3) - 상담 유형 및 방법 : 붙임 참고
　나. 2025. ○○○직원 마음 치유 프로그램 : 2025. 하반기 실시 예정

붙임 2025. ○○○직원 상담 지원 제도 운영 계획 1부. 끝.

2025년

① 2025. ○○○직원 ⇨ 2025년 ○○○직원

'연, 월, 일'을 단독으로 쓰고자 할 때는 글자 대신 마침표를 쓸 수 없습니다.

② 1. 관련∨: ⇨ 1. 관련:

쌍점(:)이 설명의 기능으로 쓰일 때 앞으로 붙이고 뒤로는 띄어 씁니다.

③ 개인문제 ⇨ 개인∨문제

문장의 각 단어는 띄어쓰기를 원칙으로 합니다.

④ - 대상   ⇨   1) 대상

　- 시기   2) 시기

　- 상담 유형 및 방법   3) 상담 유형 및 방법

항목 기호는 상위 항목부터 하위 항목까지 1., 가., 1), 가), (1), (가), ①, ㉮의 형태로 통일해서 표시합니다. 여기서 '특수기호(-)'보다는 '1)', '2)'를 사용합니다.

19 시도교육청 공문서 바로 쓰기(사례 4)

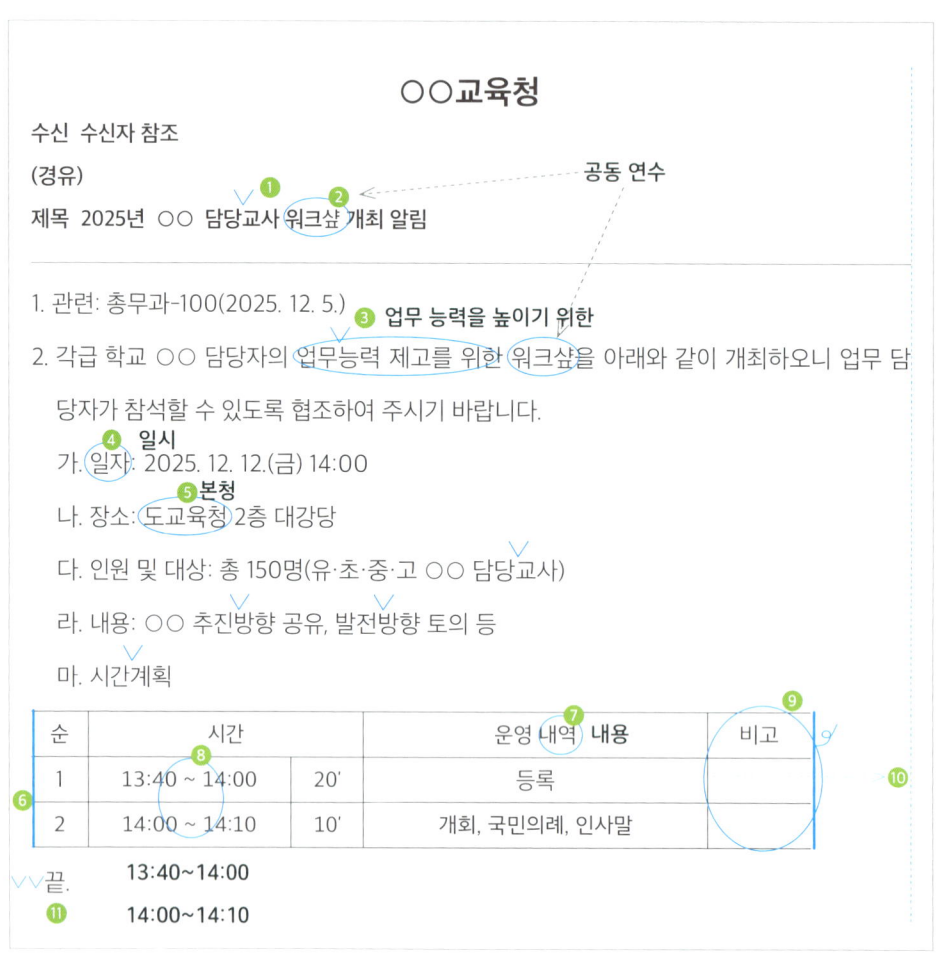

① 담당교사, 업무능력, 추진방향, 발전방향, 시간계획

⇨ 담당∨교사, 업무∨능력, 추진∨방향, 발전∨방향, 시간∨계획

문장의 각 단어는 띄어쓰기를 원칙으로 합니다.

② 워크샾 ⇨ 공동 연수

'워크샵', '워크숍'은 '공동 연수', '공동 수련'으로 다듬어 씁니다.

③ 업무능력 제고를 위한 ⇨ 업무 능력을 높이기 위한

'제고'라는 한자어보다는 '높이기'로 쓰는 것이 더 이해하기 쉽습니다.

④ 일자 ⇨ 일시

뒤에 시간이 표기되어 있으므로 '일시'로 씁니다.

⑤ 도교육청 ⇨ 본청

「지방교육행정기관의 행정기구와 정원기준 등에 관한 규정」제2조제3호에 "본청이란 시도교육청의 기관 중 직속기관 등을 제외하고 교육감을 직접 보조하는 기관을 말한다"라고 되어 있습니다. 따라서 '도교육청'보다는 관련 규정에서 정의한 정식 기관 용어인 '본청'을 사용합니다.

⑥ 표는 기본적인 형태 그대로 작성합니다. 표의 양쪽 테두리 선을 투명하게 하는 방법은 '간이기안문'에서 많이 볼 수 있는 형태입니다.

⑦ 내역 ⇨ 내용

'내역'은 '물품이나 금액 따위의 내용'을 뜻하는 말로 '내용'으로 다듬어 씁니다.

⑧ 13:40∨~∨14:00 ⇨ 13:40~14:00

14:00∨~∨14:10 ⇨ 14:00~14:10

기간이나 거리 또는 범위를 나타낼 때는 물결표(~)를 쓰는 것이 원칙이고, 붙임표(-)를 쓰는 것도 허용됩니다. 이때 물결표(~)나 붙임표(-)는 앞말과 뒷말에 붙여 씁니다.

⑨ '비고'란에 쓸 내용이 없으면 '비고'란을 만들지 않습니다.

⑩ 표의 위치는 왼쪽 기본선부터 오른쪽 한계선까지 전체를 사용하거나, 표 제목의 아래 위치부터 시작해서 오른쪽 한계선까지 작성합니다.

⑪ ∨끝. ⇨ ∨∨끝.

본문이 표로 끝나는 경우(표의 마지막 칸까지 작성되는 경우)에는 표 아래 왼쪽 기본선에서 한 글자(2타) 띄우고 "끝" 표시를 합니다.

20 시도교육청 공문서 바로 쓰기(사례 5)

○○교육청

수신 수신자 참조
(경유)
제목 2025년도 지방공무원 성과급 관련 자료 제출 안내

1. 관련: ○○과-4340(2025.2.17.)「2025년도 지방공무원 성과급 지급 계획」
2. 2025년도 ○○○○교육감 소속 지방공무원 5급 성과연봉 및 6급 이하 성과 상여금 지급 계획을 붙임과 같이 안내하오니, 관련 자료를 해당 기한까지 제출하여 주시기 바랍니다.
   가. 제출기한: 2025. 2. 24.(월) 17:00까지
   나. 제출대상: 2024.12.31.기준 ○○○○교육감 소속 지방공무원
   다. 제출자료: 성과급 관련 서류 및 증빙자료
   라. 제출방법: 원본은 인편, 파일 및 증빙서류 공문 제출(보안설정)
3. 아울러, 필요한 자료의 누락 혹은 허위 제출로 성과급이 잘못 산정되지 않도록 작성 및 제출에 유의하여 주시기 바랍니다.

붙임 성과급 관련 서류 및 증빙자료 제출방법 안내 1부.

① 1. 관련: ○○과-4340(2025.2.17.) 「2025년도 지방공무원 성과급 지급 계획」

⇨ 1. 관련: ○○과-4340(2025.∨2.∨17.)∨"2025년도 지방공무원 성과급 지급 계획"

날짜는 숫자로 표기하되 '연, 월, 일'의 글자는 생략하고 그 자리에 마침표를 찍어 표시합니다. '월, 일'은 '0'을 표기하지 않고, 날짜는 띄어 씁니다. 행정안전부, "행정업무운영 편람"에 관련되는 다른 공문서의 제목 표시는 큰따옴표("")로 안내하고 있습니다.

② 해당 기한까지 ⇨ 기한 내

간결하게 표현할 수 있습니다.

③ 제출기한, 제출대상, 제출자료, 제출방법, 보안설정, 증빙자료

⇨ 제출∨기한, 제출∨대상, 제출∨자료, 제출∨방법, 보안∨설정, 증빙∨자료

문장의 각 단어는 띄어쓰기를 원칙으로 합니다.

④ 2024.12.31.기준 ⇨ 2024.∨12.∨31.∨기준

날짜는 숫자로 표기하되 '연, 월, 일'의 글자는 생략하고 그 자리에 마침표를 찍어 표시합니다. 마침표는 '연, 월, 일'이라는 단위명사를 대신하여 적는 것이므로 한글로 적는 것과 문장부호로 적는 띄어쓰기가 같아야 합니다. 따라서 '기준'은 앞말과 띄어 씁니다.

⑤ 원본은 인편, 파일 및 증빙서류 공문 제출[보안설정]

⇨ 원본은 인편, 파일 및 증빙∨서류는 보안 설정 후 공문으로 제출

이해하기 쉽게 작성합니다.

21 지방자치단체 공문서 바로 쓰기(사례 1)

○○교육청

수신 수신자 참조
(경유)
제목 2024년 4분기 교육훈련여비 지급

1. 인력개발과-23456(2024.12.20.)호 관련입니다. → 1. 인력개발과-23456(2024. 12. 20.)호와 관련됩니다.
2. 2024년 4분기 교육 수료자에게 다음과 같이 교육훈련여비를 지급하고자 합니다.
   가. 지급건명: 2024년 4분기 교육훈련여비
   나. 지급금액: 금5,000,000원(금오백만원)
   다. 지급대상: ○○부 ○○○ 외 70명
   라. 산출내역 (붙임1) 참조 [붙임 1] 참고
   마. 지급방법: 교육수료자 개인계좌에 입금
   바. 예산과목: ○○연구원 ○○기획부, 인적자원역량강화, 교육훈련, 국내위탁교육훈련,
        ─────── 여비, 공무원교육여비

                     내용
붙임 교육훈련 여비 상세내역 1부. 끝.

① 교육^훈련, 예산^과목

띄어쓰기가 원칙이되 붙여쓰기를 허용합니다.

② 1. 인력개발과-23456(2024.12.20.)호 관련입니다.

⇨ 1. 인력개발과-23456(2024.∨12.∨20.)호와 관련됩니다.

날짜는 숫자로 표기하되 '연, 월, 일'의 글자는 생략하고 그 자리에 마침표를 찍어 표시합니다. '월, 일'은 '0'을 표기하지 않고, 날짜는 띄어 씁니다.

'~호와 관련됩니다'는 '~호와 관련된 문서입니다', '~호와 관련합니다' 등으로 쓸 수 있습니다. 여러 가지 표현이 있으나 "행정업무운영 편람"에서 제시하고 있는 가장 대표적인 표현인 '~호와 관련됩니다'를 쓰는 것을 권장합니다.

③ 지급건명, 지급금액, 지급대상, 산출내역, 지급방법, 상세내역

⇨ 지급∨건명, 지급∨금액, 지급∨대상, 산출∨내역, 지급∨방법, 상세∨내역

문장의 각 단어는 띄어쓰기를 원칙으로 합니다.

④ 내역 ⇨ 내용

'내역(內譯)'은 '물품이나 금액 따위의 내용'을 뜻하는 말로 '내용'으로 다듬어 씁니다.

⑤ (붙임1)참조 ⇨ [붙임 1]참고

'[붙임 1], [붙임 2]'와 같이 표기합니다. 붙임은 '참고'를 씁니다.

⑥ 바. 예산과목: ○○연구원 ○○기획부, 인적자원역량강화, 교육훈련, 국내위탁교육훈련,
　　　　　여비, 공무원교육여비

⇨ 바. 예산과목: ○○연구원 ○○기획부, 인적자원역량강화, 교육훈련, 국내위탁교육훈련,
　　　여비, 공무원 교육여비

붙임표(-)는 차례대로 이어지는 내용을 하나로 묶어 열거할 때 각 어구 사이에 씁니다. 경우에 따라서 붙임표 대신 쉼표나 가운뎃점을 사용할 수도 있습니다. "항목이 두 줄 이상인 경우에 둘째 줄부터는 항목 내용의 첫 글자에 맞추어 정렬한다"는 원칙에 따라 '예' 아래에 맞추어 정렬합니다.

22 지방자치단체 공문서 바로 쓰기(사례 2)

○○교육청

수신 수신자 참조
(경유)   1.○○과-2286(2024. 1. 23.) 및 ○○과-2362(2024. 1. 23.)호와 관련됩니다.
제목 ○○연구원 주관「제21기 지역정책연구포럼」참여희망자 재모집

1. ○○과-2286호(2024.1.23.) 및 ○○과-2362호(2024.1.23.)와 관련입니다.

2. 사단법인 ○○연구원에서 운영하는「2025년 제20기 지역정책연구포럼」참여희망자를 다음과 같이 모집하오니, 관심있는 직원께서는 3. 15.(금)까지 신청하여 주시기 바랍니다.
   2024. 3. 15.까지

(빈 줄 삭제)

가. 과정개요   2024. 3.~2025. 2.(매월 세 번째 수요일 14:00~18:00)
  - 과 정 명: 제20기 지역정책연구포럼   1) 과정명:
  - 교육기간: '24. 3. ~ '25. 2. [매월 셋째 주 수요일 14:00~18:00]   2) 교육 기간:
  - 교육장소: 공군회관(서울 영등포구 대방동 소재)   3) 교육 장소:
  - 교육기관: 사단법인 ○○연구원   4) 교육 기관:
  - 교육내용: 중앙부처의 지방정책 강연 및 우수사례 공유를 통한 정책역량 강화(붙임3 참고)   5) 교육 내용:
  - 교 육 비: 1인당 150천원 금150,000원(금일십오만원), 1인 기준   ※ [붙임 3] 참고   6) 교육비:

(빈 줄 삭제)

나. 모집개요
  - 선발인원: 1~2명   1) 선발 인원:
  - 신청대상: 6급 이상 희망자   2) 신청 대상:
                                                  3) 신청 방법:
                                                  4) 선정 방법:

    - 신청방법: 신청서(붙임2) 작성 후 3. 15.(금)까지 이메일 제출
    - 선정방법: 별도 심의 후 대상자 선발   [붙임 2] 신청서를 작성 후 2024. 3. 15.(금)까지 전자우편으로 제출

붙임 1. 지원계획 1부.
       2. 신청서 1부.
       3. 연간프로그램 1부. 끝.

① 참여희망자, 과정개요, 교육기간, 교육장소, 교육기관, 교육내용, 우수사례, 정책역량, 모집개요, 선발인원, 신청대상, 신청방법, 선정방법, 지원계획, 연간프로그램

⇨ 참여∨희망자, 과정∨개요, 교육∨기간, 교육∨장소, 교육∨기관, 교육∨내용, 우수∨사례, 정책∨역량, 모집∨개요, 선발∨인원, 신청∨대상, 신청∨방법, 선정∨방법, 지원∨계획, 연간∨프로그램

문장의 각 단어는 띄어쓰기를 원칙으로 합니다.

② 1. ○○과-2286호(2024.1.23.) 및 ○○과-2362호(2024.1.23.)와 관련입니다.

⇨ 1. ○○과-2286(2024.∨1.∨23.) 및 ○○과-2362(2024.∨1.∨23.)호와 관련됩니다.

'~호와 관련입니다'보다 '~호와 관련됩니다'의 사용을 권장합니다. 날짜는 숫자로 표기하되 연, 월, 일의 글자는 생략하고 그 자리에 마침표를 찍어 표기합니다. '월, 일'은 '0'을 표기하지 않고, 날짜는 띄어 씁니다.

③ 관심있는 직원께서는 <u>3. 15.(금)</u>까지 신청하여 주시기 바랍니다.

⇨ 관심ˇ있는 직원은 <u>2024. 3. 15.(금)</u>까지 신청하여/신청해 주시기 바랍니다.

'관계있다', '관계없다'와 같은 일부 단어를 제외하고 '있다', '없다'는 앞말과 띄어 씁니다. 공문에서는 적절한 경어를 사용합니다. 연도를 생략해서 쓸 때는 닫는 작은따옴표를 활용하기도 하지만, 되도록 연도 전체를 분명하게 밝혀 쓰는 것이 좋습니다.

④ - 과 정 명: 1) 과정명:

　　- 교육기간: 2) 교육ˇ기간:

　　- 교육장소: ⇨ 3) 교육ˇ장소:

　　- 교육기관: 4) 교육ˇ기관:

　　- 교육내용: 5) 교육ˇ내용:

　　- 교 육 비: 6) 교육비:

항목 기호는 상위 항목부터 하위 항목까지 1., 가., 1), 가), (1), (가), ①, ㉮의 형태로 통일해서 표시합니다. 여기서 '-'대신에 '1)', '2)'를 사용합니다. 문장의 각 단어는 한글맞춤법의 띄어쓰기 규정에 따라 띄어 씁니다.

⑤ '24. 3.ˇ~ˇ'25. 2.ˇ[매월 셋째 주 수요일 14:00~18:00]

⇨ 2024. 3.~2025. 2.(매월 세 번째 수요일 14:00~18:00)

연도 전체를 분명하게 밝혀서 작성합니다. 소괄호(())는 주석이나 보충적인 내용을 덧붙일 때 씁니다. 여는 소괄호는 뒷말에 붙여 쓰고, 닫는 소괄호는 앞말에 붙여 씁니다. '셋째 주 수요일'이란 표현보다 '세 번째 수요일'이 명확하고 이해하기 쉬운 표현입니다.

⑥ 정책역량 강화(붙임3 참고) ⇨ 정책∨역량 강화 ※ [붙임∨3] 참고

공문에서 단지 업무에 도움이 될 만한 재료로 삼아서 보라는 뜻이라면 '붙임 참고'로 씁니다. 국립국어원의 "표준어 규정 해설"과 법제처의 "알기 쉬운 법령 정비 기준"에서는 '붙임'의 표기를 [붙임∨1], [붙임∨2] 등으로 제시하고 있습니다.

⑦ 교∨육∨비: 1인당 150천원 ⇨ 교육비: 금150,000원(금일십오만원), 1인 기준

한글맞춤법의 띄어쓰기 규정에 따라 띄어 씁니다. 금액을 표시할 때는 아라비아숫자로 쓰되, 숫자 다음에 괄호를 하고 한글로 기재합니다.

⑧ 신청서(붙임2) 작성 후 3. 15.(금)까지 이메일 제출
⇨ [붙임∨2] 신청서 작성 후 2024. 3. 15.(금)까지 전자우편으로 제출

'붙임'의 표기는 [붙임∨1], [붙임∨2] 등과 같이 씁니다. 연도 전체를 분명하게 밝혀서 작성합니다.

⑨ 위에서 제시한 예시문은 일반적인 형태가 아니므로 아래와 같이 바꿔서 쓸 수도 있습니다.

○○교육청

수신 수신자 참조

(경유)

제목 ○○연구원 주관 「제21기 지역정책연구포럼」 참여 희망자 재모집

---

1. ○○과-2286(2024. 1. 23.) 및 ○○과-2362(2024. 1. 23.)호와 관련됩니다.

2. ○○연구원에서 운영하는 「2024년 제21기 지역정책연구포럼」 참여 희망자를 다음과 같이 모집하오니, 관심 있는 직원은 2024. 3. 15.(금)까지 신청해 주시기 바랍니다.

   가. 과정명: 제20기 지역정책연구포럼

   나. 교육 기간: 2024. 3.~2025. 2.(매월 세 번째 수요일 14:00~18:00)

   다. 교육 장소: 공군회관(서울 영등포구 대방동)

   라. 교육 내용: 중앙부처의 지방정책 강연 및 우수 사례 공유 ※ [붙임 3] 참고

   마. 교육비: 금150,000원(금일십오만원), 1인 기준

   바. 신청 대상 및 선발 인원: 6급 이상 희망자, 1~2명

   사. 신청 방법: 신청서 작성 후 2024. 3. 15.(금)까지 전자우편으로 제출

붙임 1. 지원 계획 1부.

　　　2. 신청서 1부.

　　　3. 연간 프로그램 1부. 끝.

23. 지방자치단체 공문서 바로 쓰기(사례 3)

○○구

수신 수신자 참조
(경유)
제목 2025년 제7기 이러닝 통일교육 공공과정 수강 안내

1. 국립통일교육원 스마트교육팀-445호(2025.7.24.)와 관련입니다.

2. 「통일교육지원법」제6조의7 및 같은법 시행령 제5조의3에 의거 모든 중앙행정기관, 지방자치단체, 공공기관 등은 연 1회, 1시간 이상 ○○교육을 의무화하고 있습니다.

3. 국립통일교육원에서 운영하는 이러닝 ○○교육 공공과정을 아래와 같이 안내하오니, 해당 기간 내 개별 신청 후 수강하시기 바랍니다.

　　가. 개설과목:「북한, 어떻게 볼 것인가」 등 37개 과목
　　나. 교육대상: 국가직 및 지방직 공무원, 공공기관 직원 등
　　다. 교육기간: [신청] 8.1.(금) ~ 8.25.(월) / [학습] 8. 1.(금) ~ 8.25.(월)
　　라. 교육정원: 과정별 1,000명(수강료 무료, 선착순 마감)
　　마. 신청방법: 국립통일교육원 홈페이지 가입 후(www.uniedu.go.kr) 개별 신청
　　　　　　※ 신청 전 반드시 개인정보 확인 및 현행화
　　바. 행정사항: 교육 종료 후 익월 10일경 서울시로 이수자 명단 통보됨
　　사. 문의전화: 02)111-2222

붙임 1. 제7기 이러닝 ○○교육 공공과정 안내문 1부.
　　　2. 국립통일교육원 이러닝 학습 매뉴얼 1부. 끝.

수정 표시:
- ① 스마트교육팀-445(2024. 7. 24.)호와 관련됩니다.
- ② 에 따라
- ③ (빈 줄 삭제)
- ④ 다. 교육 기간
  　1) 신청 기간: 2024. 8. 1.(목)~8. 25.(일)
  　2) 학습 기간: 2024. 8. 2.(목)~8. 25.(일)
- ⑤ 누리집(www.uniedu.go.kr)
- ⑥ 다음 달　10일 무렵
- ⑦ 명단이 안내됩니다.

① 통일^교육, 공공^기관, 개인^정보

　띄어쓰기가 원칙이되 붙여쓰기를 허용합니다.

② 공공과정, 개설과목, 교육대상, 교육기간, 교육정원, 신청방법, 행정사항, 문의전화

⇨ 공공∨과정, 개설∨과목, 교육∨대상, 교육∨기간, 교육∨정원, 신청∨방법, 행정∨사항, 문의∨전화

　각 단어는 띄어쓰기를 원칙으로 합니다.

③ 스마트교육팀-445호(2025.7.24.)와 관련입니다.

⇨ 스마트교육팀-445(2025.∨7.∨24.)호와 관련됩니다.

　'~호와 관련됩니다'는 '~호와 관련된 문서입니다', '~와 관련합니다' 등으로 쓸 수 있습니다.

④ 같은법 시행령 제5조의3에 의거 ⇨ 같은∨법 시행령 제5조의3에 따라

　'의거', '의거하여', '의하여'는 '~에 따라'로 순화하여 적습니다.

⑤ 둘째 항목 기호 '가.'는 첫째 항목 기호 '1.'의 위치로부터 2타 띄우고 시작합니다.

⑥ 다. 교육기간: [신청] 8.1.(금) ~ 8.25.(월) / [학습] 8. 1.(금) ~ 8.25.(월)

⇨ 다. 교육∨기간

　　1) 신청∨기간: 2025.∨8.∨1.(금)~8.∨25.(월)

2) 학습∨기간: 2025.∨8.∨1.(금)~8.∨25.(월)

연도는 살려서 표기합니다. 물결표(~)는 앞말과 뒷말에 붙여 씁니다.

⑦　마. 신청방법: 국립통일교육원 홈페이지 가입 후(www.uniedu.go.kr) 개별 신청

　　　　　※ 신청 전 반드시 개인정보 확인 및 현행화

　　　　　　⇩

　　마. 신청∨방법: 국립통일교육원 누리집(www.uniedu.go.kr) 가입 후 개별 신청

　　　　　※ 신청 전 반드시 개인정보 확인 및 현행화

'홈페이지'는 '누리집'으로 다듬어 씁니다. 참고표(※) 문장이 '다' 항목에 포함되는 내용이라면, "항목이 두 줄 이상인 경우에 둘째 줄부터는 항목 내용의 첫 글자에 맞추어 정렬한다"는 원칙에 따라 참고표(※) 기호를 '신' 아래에 맞춰 정렬합니다.

⑧　익월 10일경 서울시로 이수자 명단 통보됨

⇨　다음 달 10일까지 서울시로 이수자 명단이 안내됩니다.

'익월'은 '다음 달'로 '10일경'은 '10일 무렵'으로 순화해서 작성합니다. '10일 무렵'보다는 명확한 날짜를 지정하여 '10일까지'처럼 작성하는 것이 이해하기 쉽습니다. '통보'는 고압적이거나 권위적인 표현이므로 삼갑니다.

24 지방자치단체 공문서 바로 쓰기(사례 4)

○○시

수신 내부결재

(경유)

제목 2025년 ○○○직 단체교섭을 위한 간담회 개최

2025년 ○○○직 단체교섭 추진을 위한 간담회를 개최하고 아래와 같이 급식을 제공하고자 합니다.

1. 소 요 액 : 금240,000원(금이십사만원)
2. 산출내역 : 30,000원 × 8명 = 240,000원   2. 산출 내용: 30,000원X8명=240,000원
3. 간담회 개요
   가. 일　　시 : 2025. 3. 25.(화) 12:00
   나. 장　　소 : 관내 식당
   다. 참석인원 : 8명 (○○○노동조합 ○○지회 교섭위원 등)
   라. 내　용 : 2025년 ○○○직 임금・단체협약 체결을 위한 단체교섭
4. 지출방법 : 법인카드 결제 후 청구에 따라 계좌입금
5. 지출과목 : 인사조직과, 인사행정, 후생복지, 효율적인 노무관리 추진, 업무추진비, 시책추진업무추진비(203-03). 끝.

① 단체^교섭, 교섭^위원

띄어쓰기가 원칙이되 붙여쓰기를 허용합니다.

② 첫째 항목 기호 '1.'은 왼쪽 기본선에서 시작합니다. 둘째 항목 기호 '가.'는 오른쪽으로 2타 옮겨 시작합니다.

③ 1. 소∨요∨액∨ : ⇨ 1. 소요액:

한글맞춤법의 띄어쓰기 규정에 따라 띄어 씁니다. 쌍점(:)이 설명의 기능으로 쓰일 때 앞으로 붙이고 뒤로는 띄어 씁니다.

④ 2.∨산출내역∨:∨30,000원∨×∨8명∨=∨240,000원

⇨ 2.∨산출∨내용:∨30,000원×8명=240,000원

'내역'은 '물품이나 금액 따위의 내용'을 뜻하는 말로 '내용'으로 다듬어 씁니다. 각 단어는 띄어쓰기를 원칙으로 합니다. '×, ='는 수학 분야의 관례를 참고한다면 모두 붙여 쓰고 있습니다.

⑤ 다. 참석인원∨:∨8명∨(○○○노동조합 ○○지회 교섭위원 등)

⇨ 다. 참석∨인원:∨8명(○○○노동조합 ○○지회 교섭위원 등)

각 단어는 띄어쓰기를 원칙으로 합니다. 소괄호(())는 주석이나 보충적인 내용을 덧붙일 때 씁니다. 여는 소괄호는 뒷말에 붙여 쓰고, 닫는 소괄호는 앞말에 붙여 씁니다.

⑥ 5. 지출과목ⱽ:ⱽ인사조직과, 인사행정, 후생복지, 효율적인 노무관리 추진, 업무추진비, 시책추진업무추진비(203-03). 끝.

⇩

5. 지출ⱽ과목: 인사조직과, 인사행정, 후생복지, 효율적인 노무관리 추진, 업무추진비, 시책추진업무 추진비(203-03). 끝.

항목이 두 줄 이상인 경우 둘째 줄부터는 항목 내용의 첫 글자인 '지' 아래에 맞춰 정렬합니다. 붙임표(-)는 차례대로 이어지는 내용을 하나로 묶어 열거할 때 각 어구 사이에 씁니다. 경우에 따라서 붙임표 대신 쉼표나 가운뎃점을 사용할 수도 있습니다.

⑦ 1. 소 요 액 :　　　1. 일시:

   2. 산출내역 :　　　2. 장소:

   3. 간담회 개요　　 3. 참석 인원:

   　가. 일　시 :　⇨　4. 내용:

   　나. 장　소 :　　　5. 소요액:

   　다. 참석인원 :　　6. 산출 내용:

   　라. 내 용 :　　　 7. 지출 방법:

   4. 지출방법 :　　　8. 지출 과목:

   5. 지출과목 :

일반적으로 많이 사용하는 항목의 순서대로, 간결하고 이해하기 쉽게 작성합니다.

25 지방자치단체 공문서 바로 쓰기(사례 5)

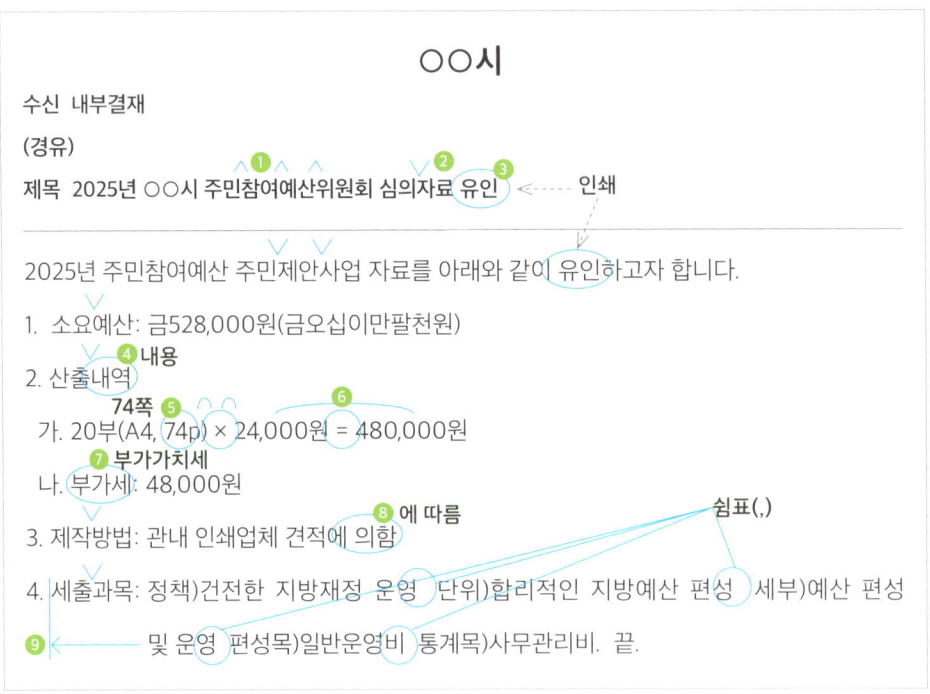

① 주민^참여^예산^위원회

띄어쓰기가 원칙이되 붙여쓰기를 허용합니다.

② 심의자료, 주민제안사업, 소요예산, 산출내역, 제작방법, 세출과목
⇨ 심의∨자료, 주민∨제안∨사업, 소요∨예산, 산출∨내역, 제작∨방법, 세출∨과목

각 단어는 띄어쓰기를 원칙으로 합니다.

③ 유인 ⇨ 인쇄

명확하고 누구나 이해하기 쉬운 용어를 사용합니다. '유인'은 표준국어대사전에 '등사기로 찍음(=등사)'이란 뜻으로 등재되어 있으나 일반적으로 많이 사용하는 표현이 아닙니다.

④ 내역 ⇨ 내용

'내역(內譯)'은 '물품이나 금액 따위의 내용'을 뜻하는 말로 '내용'으로 다듬어 씁니다.

⑤ 74p ⇨ 74쪽

알파벳 'p'를 쓰지 않고 우리말인 '쪽'으로 바꾸어 작성합니다.

⑥ 가. 20부(A4, 74p)∨×∨24,000원∨=∨480,000원 ⇨ 가. 20부(A4, 74쪽)×24,000원=480,000원

'×, ='는 수학 분야의 관례를 참고한다면 모두 붙여 쓰고 있습니다.

⑦ 부가세 ⇨ **부가가치세**

부가^가치세: 국세의 하나. 거래 단계별로 상품이나 용역에 새로 부가하는 가치에 대하여 매기는 세금

⑧ 견적에 의함 ⇨ **견적에 따름**

'의거하여', '의하여'는 '~에 따라'로 순화하여 적습니다.

⑨ 4. 세출과목: 정책)건전한 지방재정 운영 단위)합리적인 지방예산 편성 세부)예산 편성 및 운영 편성목) 일반운영비 통계목)사무관리비. 끝.

⇩

4. 세출∨과목: 정책)건전한 지방재정 운영, 단위)합리적인 지방예산 편성, 세부)예산 편성 및 운영, 편성목)일반운영비, 통계목)사무관리비. 끝.

항목이 두 줄 이상인 경우 둘째 줄부터는 항목 내용의 첫 글자인 '세' 아래에 맞춰 정렬합니다. 붙임표(-)는 차례대로 이어지는 내용을 하나로 묶어 열거할 때 각 어구 사이에 씁니다. 붙임표 대신 쉼표나 가운뎃점을 사용할 수도 있습니다.

26. 지방공기업 및 출자·출연기관 공문서 바로 쓰기 [사례 1]

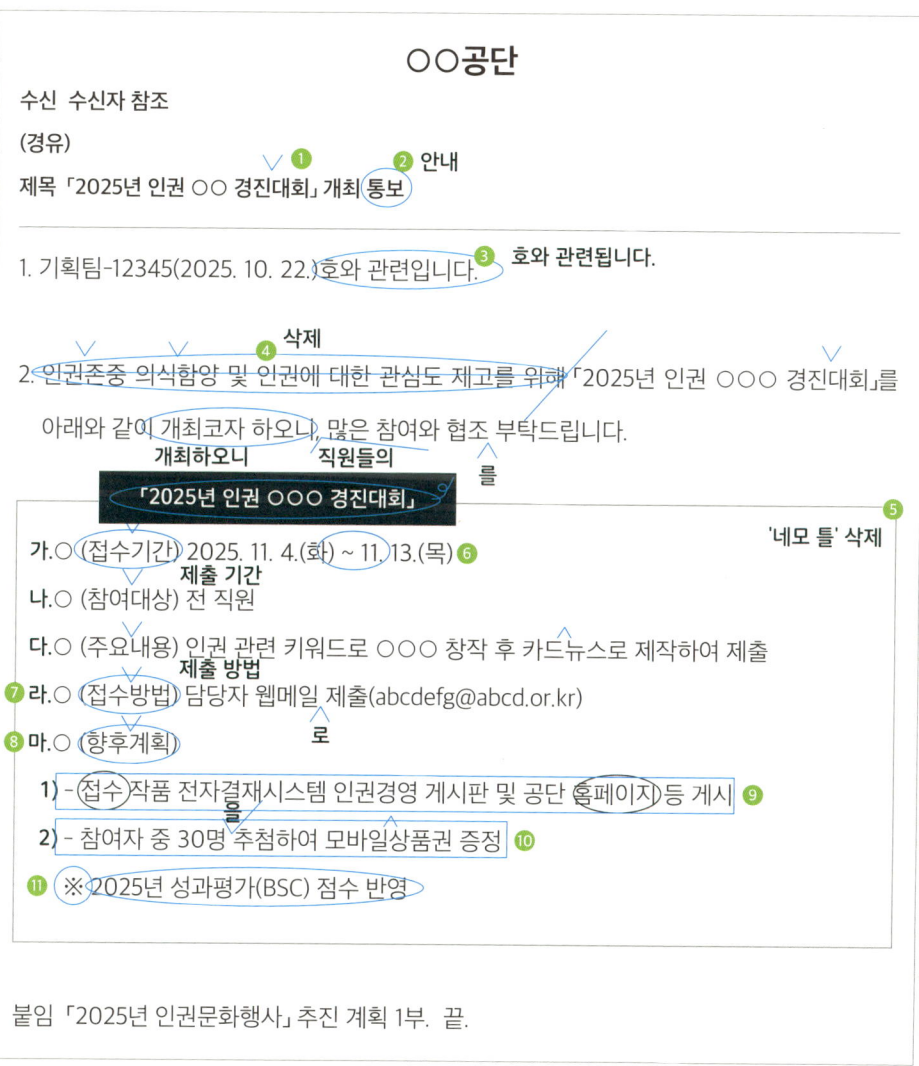

① 경진대회, 접수기간, 참여대상, 주요내용, 접수방법, 향후계획

⇨ 경진∨대회, 접수∨기간, 참여∨대상, 주요∨내용, 접수∨방법, 향후∨계획

각 단어는 띄어쓰기를 원칙으로 합니다.

② 통보 ⇨ 알림/안내

'통보'는 고압적이거나 권위적인 표현이므로 '알리다'로 순화하여 씁니다. '알림' 또는 '안내'와 같이 바꿔 쓸 수 있습니다.

③ 1. 기획팀-12345(2025. 10. 22.)호와 관련입니다.

⇨ 1. 기획팀-12345(2025. 10. 22.)호와 관련됩니다.

'~호와 관련입니다'보다 '~호와 관련됩니다'의 사용을 권장합니다.

④ 2. 인권존중 의식함양 및 인권에 대한 관심도 제고를 위해 「2025년 인권 ○○○ 경진대회」를 아래와 같이 개최코자 하오니, 많은 참여와 협조 부탁드립니다.

⇨ 2. 「2025년 인권 ○○○ 경진 대회」를 아래와 같이 개최하오니, 직원들의 많은 참여와 협조를 부탁드립니다.

붙임에 경진 대회의 세부 내용이 있으므로 목적은 생략하고 간결하게 작성합니다. '개최코자 하오니'는 '개최하고자 하오니'의 줄임말로 내부결재 문서에서 쓰는 문장의 형식으로 되었습니다. 이 문서는 발송하는 문서이므로 '개최하오니'로 바꿔 씁니다. 참여 대상을 분명히 밝혀서 작성합니다.

⑤ '네모 틀'은 삭제합니다. 일반기안문에서는 보고서처럼 세부 내용을 틀 안에 작성하지 않습니다.

⑥ ○ (접수기간) 2025. 11. 4.(화)∨~∨11. 13.(목)

⇨ 가. 제출∨기간: 2025. 11. 4.(화)~11. 13.(목)

항목 기호는 1., 가., 1), 가), (1), (가), ①, ㉮의 형태로 통일해서 표시합니다. 여기서 '○' 대신에 '가.', '나.', '다.', '라.', '마.'로 작성합니다. 공문서는 '공문서를 읽는 사람의 입장에서 이해하기 쉽게 작성합니다.

소괄호(())는 주석이나 보충적인 내용을 덧붙일 때 씁니다. 여기서는 쌍점(:)을 사용하며, 쌍점(:)이 설명의 기능으로 쓰일 때 앞으로 붙이고 뒤로는 띄어 씁니다. 물결표(~)는 앞말과 뒷말에 붙여 씁니다.

⑦ ○ (접수방법) 담당자 웹메일 제출(abcdefg@abcd.or.kr)

⇨ 라. 제출∨방법: 담당자 웹메일로 제출(abcdefg@abcd.or.kr)

공문서를 읽는 사람의 입장에서 이해하기 쉽게 작성합니다.

⑧ ○ (향후계획) ⇨ 마. 앞으로∨계획 ⇨ 마. 추진 계획

'향후'는 '앞으로'로 순화해서 씁니다. '앞으로 계획'으로 쓰기에는 자연스럽지 않으므로 '추진 계획' 또는 '세부 내용' 등의 적절한 용어로 바꿔 씁니다.

⑨ - 접수 작품 전자결재시스템 인권경영 게시판 및 공단 홈페이지 등 게시

⇨ 1) 제출된 작품은 전자결재시스템 인권경영 게시판 및 공단 누리집 등에 게시

항목 기호는 1., 가., 1), 가), (1), (가), ①, ㉮의 형태로 통일해서 표기합니다. 여기서 '-' 대신에 '1)', '2)'로 작성합니다. 공문서를 읽는 사람 입장에서 이해하기 쉽게 작성합니다. '홈페이지'는 '누리집'으로 다듬어 씁니다.

⑩ - 참여자 중 30명 추첨하여 모바일상품권 증정

⇨ 2) 참여자 중 30명을 추첨하여 모바일상품권 증정

'-' 대신에 항목 기호 '1)', '2)'로 작성합니다.

⑪ - 참여자 중 30명 추첨하여 모바일상품권 증정

※ 2025년 성과평가(BSC) 점수 반영

⇩

2) 참여자 중 30명을 추첨하여 모바일상품권 증정

   ※ 2025년 성과평가(BSC) 점수 반영

참고표(※) 문장이 '2)' 항목에 포함되는 내용이라면, "항목이 두 줄 이상인 경우에 둘째 줄부터는 항목 내용의 첫 글자에 맞추어 정렬한다"는 원칙에 따라 참고표(※) 기호를 '참' 아래에 맞추어 정렬합니다.

27 지방공기업 및 출자·출연기관 공문서 바로 쓰기 (사례 2)

○○재단

수신 수신자 참조
(경유)
제목 ○○재단 ○○프로그램 찾아가는 상담 진행장소 협조요청

1. 귀 기관의 무궁한 발전을 기원합니다.
2. 우리 재단에서는 일상생활에서 발생하는 스트레스 및 업무 저해요인 해결 지원을 위해 ○○프로그램 찾아가는 심리상담 진행을 추진하고 있습니다.
3. 상담 진행을 위해 다음과 같이 진행장소 협조를 요청하오니 적극 협조하여 주시기 바랍니다.

(빈 줄 삭제)

가. 운 영 명 : 2025년 ○○프로그램 찾아가는 심리상담
나. 운영기간 : 2025. 5. 13.(화), 09:00 ~ 18:00 2025. 5. 13.(화) 09:00~18:00
다. 운영장소 : 본관 1층 사무실
라. 운영대상 : ○○재단 직원
마. 운영내용 : 상담전문가 1인과 상담 진행. 끝.

① 진행장소, 협조요청, 저해요인, 운영기간, 운영장소, 운영대상, 운영내용

⇨ 진행∨장소, 협조∨요청, 저해∨요인, 운영∨기간, 운영∨장소, 운영∨대상, 운영∨내용

문장의 각 단어는 띄어쓰기를 원칙으로 합니다.

② 적극 협조하여 ⇨ 적극적으로 협조하여

과도한 명사화 구성을 피하고 조사나 어미를 써서 의미를 명확히 표현합니다.

③④ 운∨영∨명∨: ⇨ 운영명:

한글맞춤법의 띄어쓰기 규정에 따라 띄어 씁니다.

일부 명사 뒤에 붙어 그 명사의 '이름'을 나타내는 '명'은 앞말에 붙여 씁니다. 쌍점(:)이 설명의 기능으로 쓰일 때 앞으로 붙이고 뒤로는 띄어 씁니다.

⑤ 2025. 5. 13.(화), 09:00∨~∨18:00 ⇨ 2025. 5. 13.(화) 09:00~18:00

날짜와 시간을 함께 표기할 때 쉼표를 적지 않습니다. 물결표(~)는 앞말과 뒷말에 붙여 씁니다.

⑥ 심리^상담

띄어쓰기가 원칙이되 붙여 쓰기를 허용합니다.

28. 지방공기업 및 출자·출연기관 공문서 바로 쓰기 [사례 3]

○○진흥원

수신 ○○센터(○○○팀)

(경유)   2. ○○센터-127(2025.∨1.∨13.,∨"○○진흥원 시설 협조 요청")호와 관련됩니다.

제목 ○○진흥원 시설 협조 요청 회신

---

1. 귀 기관의 무궁한 발전을 기원합니다.

2. 관련: ○○센터-127(2025.01.13)「○○진흥원 시설 협조 요청」관련 됩니다.

3. 상기와 관련하여, 2025년 1월 18일(토) 예정인「영상 제작의 새로운 패러다임」특강 행사와 관련하여, 요청하신 ○○진흥원 F동 출입문을 개방할 예정이오니 아래의 유의사항을 준수하여 주시기 바랍니다.   3. 2025. 1. 18.(토)

4. 유의사항

   가. 다수 방문객 방문에 따른 안전사고 예방 철저

   나. 진흥원 주차장 이용에 따른 주차질서 확립 및 관리 철저

5. 기타 문의사항은 ○○진흥원 기획단 관리팀 ○○○ 주임(045-123-1234)으로 연락하여 주시기 바랍니다.

① 2. 관련: ○○센터-127(2025.01.13)「○○진흥원 시설 협조 요청」관련 됩니다.

⇨ 2. ○○센터-127(2025.∨1.∨13., ∨"○○진흥원 시설 협조 요청")호와 관련됩니다.

날짜는 숫자로 표기하되 '연, 월, 일'의 글자는 생략하고 그 자리에 마침표를 찍어 표시합니다. '월, 일'은 '0'을 표기하지 않고, 날짜는 띄어 씁니다. 행정안전부, "행정업무운영 편람"에 관련되는 다른 공문서의 제목 표시는 큰따옴표("")로 안내하고 있습니다. '관련' 뒤에 '관련됩니다'는 중복된 표현입니다. '호와 관련됩니다'처럼 표기합니다.

② 3. 상기와 관련하여, ⇨ 위∨호와∨관련하여 ⇨ 삭제

'위 호와 관련하여', '위 호에 따라'로 바꿔 쓸 수 있으나 뒤에 '특강 행사와 관련하여'와 중복되므로 문맥상 삭제하는 것이 자연스럽습니다.

③ 2025년 1월 18일(토) ⇨ 2025.∨1.∨18.(토)

날짜는 숫자로 표기하되 '연, 월, 일'의 글자는 생략하고 그 자리에 마침표를 찍어 표기합니다. '월, 일'은 '0'을 표기하지 않습니다.

④ 유의사항, 주차질서, 문의사항 ⇨ 유의∨사항, 주차∨질서, 문의∨사항

문장의 각 단어는 띄어쓰기를 원칙으로 합니다.

29 지방공기업 및 출자·출연기관 공문서 바로 쓰기 [사례 4]

○○진흥원

수신 ○○○사업단

(경유)

제목 2025년 ○○경기장 사무실 확장에 따른 사무집기 구매 계약체결 통보

1. 콘텐츠사업단-7965(2024.∨10.∨31.)호와 관련됩니다.
   ❶ 알림

1. 콘텐츠사업단-7965호(2024.10.31.)와 관련입니다. ❸
   ❹ 위 호와 관련하여
2. 위 계약의뢰 건에 대하여 아래와 같이 계약을 체결하였음을 알려드리오니 감독관, 검수관 지정 후 계약관리에 만전을 기하여 주시기 바랍니다. ❺ 허술함이 없도록 하여 주시기 바랍니다.

(빈 줄 삭제)

가. 계약번호: 2025-001
나. 건 명: 2025년 ○○경기장 사무실 확장에 따른 사무집기 구매 ❻
다. 계약기간: 2025년 11월 8일 ~ 2025년 12월 7일 ❼ 2025. 11. 8.~12. 7.
라. 계약금액: 5,616,000(금오백육십일만육천원)/ VAT포함 ❽
    금5,616,000원(금오십육만일천육백원) ※ 부가가치세 포함
마. 계약업체: ○○○
바. 계약일자: 2025년 11월 1일 ❾ 2025. 11. 1.
사. 계약방법: 수의계약(지방계약법시행령 제25조 제1항 제5호 나목) ❿
    지방계약법 시행령 제25조제1항제5호나목
아. 감독부서: ○○○사업단

⓫ 붙임 물품구매표준계약서 1부. 끝.

① 사무집기, 계약체결, 계약관리, 계약번호, 계약기간, 계약금액, 계약업체, 계약일자, 계약방법, 감독부서, 물품구매

⇨ 사무∨집기, 계약∨체결, 계약∨관리, 계약∨번호, 계약∨기간, 계약∨금액, 계약∨업체, 계약∨일자, 계약∨방법, 감독∨부서, 물품∨구매

문장의 각 단어는 띄어쓰기를 원칙으로 합니다.

② 통보 ⇨ 알림

'통보'는 고압적이거나 권위적인 표현이므로 '알리다'로 순화하여 씁니다.

③ 1. 콘텐츠사업단-7965호(2024.10.31.)와 관련입니다.

⇨ 1. 콘텐츠사업단-7965(2024.∨10.∨31.)호와 관련됩니다.

'~호와 관련됩니다', '~호와 관련된 문서입니다', '~와 관련합니다' 등으로 바꿔 쓸 수 있습니다.

④ 위 계약의뢰 건에 대하여 ⇨ 위 호와 관련하여

간결하게 작성합니다.

⑤ 만전을 기하여 주시기 바랍니다. ⇨ 허술함이 없도록 하여 주시기 바랍니다.

'만전을 기하여'처럼 어렵고 상투적인 한자식 표현은 '허술함이 없도록 하여'처럼 쉬운 표현으로 바꿔 씁니다.

⑥ 건∨명 ⇨ 건명

한글맞춤법의 띄어쓰기 규정에 따라 띄어 씁니다.

⑦ 2025년 11월 8일 ~ 2025년 12월 7일 ⇨ 2025. 11. 8.~12. 7.

날짜는 숫자로 표기하되 '연, 월, 일'의 글자는 생략하고 그 자리에 마침표를 찍어 표기합니다. 물결표(~)는 앞말과 뒷말에 붙여 씁니다. 기간을 표기하면서 중복되는 부분을 생략하고 나타낼 수 있습니다.

⑧ 5,616,000(금오백육십일만육천원)/ VAT포함
⇨ 금5,616,000(금오백육십일만육천원) ※ 부가가치세 포함

금액을 표기할 때는 아라비아숫자로 쓰되, 숫자 다음에 괄호를 하고 한글로 기재합니다. 공문에서는 정식 명칭을 씁니다.

⑨ 2025년 11월 1일 ⇨ 2025. 11. 1.

날짜는 숫자로 표기하되 '연, 월, 일'의 글자는 생략하고 그 자리에 마침표를 찍어 표기합니다.

⑩ **지방계약법시행령 제25조 제1항 제5호 나목** ⇨ 지방계약법∨시행령∨제25조제1항제5호나목

'시행령'과 같이 하위 법령임을 나타내는 명칭은 띄어 씁니다. 법령문에서 '각 조, 각 항, 각 호, 각 목'은 '제3조제2항제1호가목'처럼 붙여 씁니다.

⑪ **붙임 물품구매표준계약서** ⇨ 붙임∨∨물품∨구매∨표준^계약서

붙임 뒤에는 2타 띄웁니다.

30 지방공기업 및 출자·출연기관 공문서 바로 쓰기 [사례 5]

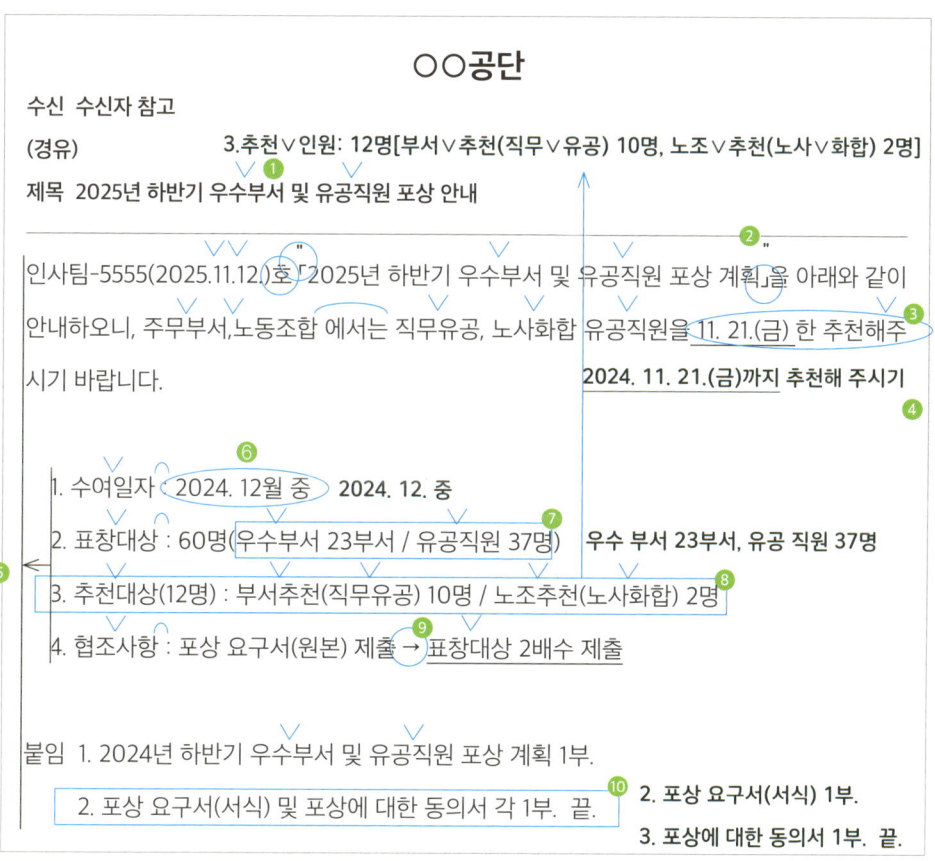

① 우수부서, 유공직원, 주무부서, 직무유공, 노사화합, 수여일자, 표창대상, 추천대상, 부서추천, 노조추천, 협조사항

⇨ 우수∨부서, 유공∨직원, 주무∨부서, 직무∨유공, 노사∨화합, 수여∨일자, 표창∨대상, 추천∨대상, 부서∨추천, 노조∨추천, 협조∨사항

문장의 각 단어는 띄어쓰기를 원칙으로 합니다.

② 인사팀-5555(2025.11.12.)호「2025년 하반기 우수부서 및 유공직원 포상 계획」

⇨ 인사팀-5555(2025.∨11.∨12.)∨"2025년 하반기 우수∨부서 및 유공∨직원 포상 계획"

날짜는 숫자로 표기하되 '연, 월, 일'의 글자는 생략하고 그 자리에 마침표를 찍어 표기합니다. 날짜는 띄어 씁니다. 관련 근거에는 '호'을 붙이지 않습니다. 행정안전부, "행정업무운영 편람"에 관련되는 다른 공문서의 제목 표시는 큰따옴표("")로 안내하고 있습니다.

③ **11. 21.(금) 한 추천해주시기** ⇨ **2024.∨11.∨21.(금)까지 추천해∨주시기**

연도는 일관성 있게 연도 전체를 분명하게 밝혀 작성합니다. 한자어 대신에 쉬운 우리말을 씁니다.

④ 1. 인사팀-5555(2025.11.12.)호「2025년 하반기 우수부서 및 유공직원 포상 계획」을 아래와 같이 안내하오니, 주무부서,노동조합 에서는 직무유공, 노사화합 유공직원을 <u>11. 21.(금) 한</u> 추천해주시기 바랍니다.

⇨ 1. 관련:∨인사팀-5555(2025.∨11.∨12.)호와 관련됩니다.

　2. 2025년 하반기 우수∨부서 및 유공∨직원 포상 계획을 아래와 같이 안내하오니, 주무∨부서 및 노동∨조합에서는 직무∨유공, 노사∨화합 유공∨직원을 <u>2024. 11. 21.(금)까지 추천해∨주시기 바랍니다.</u>

다른 방법으로 작성해 보았습니다. 이렇게 작성하면 다음 항목 기호는 '가.', '나.', '다.', '라.' 순서대로 작성합니다.

⑤ 첫째 항목 기호 '1.'은 왼쪽 기본선에서 시작합니다.

⑥ 1. 수여일자 : 2024. 12월 중 ⇨ 1. 수여∨일자: 2024. 12. 중

문장의 각 단어는 띄어쓰기를 원칙으로 합니다. 쌍점(:)이 설명의 기능으로 쓰일 때 앞으로 붙이고 뒤로는 띄어 씁니다. '초(初)'는 '어떤 기간의 처음이나 초기'를, '중(中)'은 '무엇을 하는 동안'을, '말(末)'은 '어떤 기간의 끝이나 말기'를 의미합니다. '초(初)', '중(中)', '말(末)'은 앞말과 띄어 씁니다.

⑦ 우수부서 23부서 / 유공직원 37명 ⇨ 우수∨부서 23부서, 유공∨직원 37명

'부서'와 '명'의 단위명사를 구분해서 작성합니다.

⑧ 3. 추천대상(12명) : 부서추천(직무유공) 10명 / 노조추천(노사화합) 2명
⇨ 3. 추천∨인원: 12명[부서∨추천(직무∨유공) 10명, 노조∨추천(노사∨화합) 2명]

쉼표(,)는 같은 자격의 어구를 열거할 때 그 사이에 씁니다. 주석이나 보충적인 내용을 덧붙일 때 보통 소괄호를 쓰는데, 소괄호 안에 다시 소괄호를 써야 하는 경우에는 바깥쪽의 괄호를 대괄호로 씁니다.

⑨ 포상 요구서(원본) 제출 → 표창대상 2배수 제출

⇨ 포상 요구서(원본) 제출 ※ 표창∨대상 2배수 제출

화살표보다는 참고표(※)가 자연스럽습니다.

⑩ 2. 포상 요구서(서식) 및 포상에 대한 동의서 각 1부. 끝.

⇩

2. 포상 요구서(서식) 1부.

3. 포상에 대한 동의서 1부. 끝.

첨부물이 2가지 이상인 때는 항목을 구분해서 작성합니다.

공문서 작성 시 궁금한 사항은
이무하 강사의 블로그에서
<묻고 답하기>메뉴를 이용하시기 바랍니다.

부록 2

가장 많이 사용하는 공문서 대표 서식 20

1 의견 조회 공문 작성하기

수신 수신자 참조
(경유)
제목 「유아교육법∨시행규칙」∨일부∨개정령안∨의견∨조회

1.∨관련:∨법제업무∨운영규정∨제11조의2∨및∨같은∨법∨시행규칙∨제8조의2

2.∨「유아교육법∨시행규칙」∨일부∨개정령안에∨따른∨각∨기관의∨의견을∨조회하오니, 의견이∨있는∨기관은∨검토∨의견서를∨작성하여∨2025.∨9.∨5.(월)까지∨제출하여 주시기∨바랍니다.
　　※∨기간∨내∨미제출∨시∨'의견∨없음'으로∨처리합니다.

붙임∨∨1.∨「유아교육법∨시행규칙」∨일부∨개정령안∨1부.
　　　2.∨검토∨의견서(작성∨서식)∨1부.∨∨끝.

2 입법 예고 공문 작성하기

수신 수신자 참조
(경유)
제목 「○○○ ∨규정」∨일부∨개정에∨따른∨입법∨예고

1. ∨관련: ∨「행정절차법」∨제41조

2. ∨「○○○ ∨규정」∨일부∨개정에∨따라∨그∨취지와∨주요∨내용을∨미리∨알려∨주민∨
　　등∨이해관계인의∨의견을∨듣기∨위해∨다음과∨같이∨입법∨예고합니다.
∨∨가.∨법규명:∨○○○ ∨규정∨일부∨개정안
∨∨나.∨입법∨예고∨기간:∨2025.∨8.∨1.(금)~8.∨20.(수),∨20일간
∨∨다.∨입법∨예고∨내용:∨붙임∨참고
∨∨라.∨입법∨예고∨방법:∨'○○○ ∨누리집-법무∨행정-입법∨예고'∨메뉴에∨게시

붙임∨∨1.∨입법∨예고문∨1부.
　　　2.∨일부∨개정∨규정안∨1부.∨∨끝.

3 규칙 개정 알림 공문 작성하기

수신 수신자 참조

(경유)

제목 「○○○∨규칙」∨개정∨알림

1.∨관련:∨「○○○∨규칙」(교육부령∨제123호,∨2025∨9.∨5.,∨일부∨개정)

2.∨「○○○∨규칙」이∨일부∨개정되었음을∨알려드리니∨업무에∨참고하시고,∨소속∨기관∨등에∨안내하여∨주시기∨바랍니다.
∨∨가.∨○○○∨처리∨근거∨마련
∨∨나.∨○○○∨시험∨대체∨가능∨근거∨마련

3.∨이∨법령은∨전자∨관보(gwanbo.go.kr)∨및∨국가법령정보센터(www.law.go.kr)에서 확인∨가능하오니∨참고하시기∨바랍니다.

붙임∨∨1.∨「○○○∨규칙」∨1부.
        2.∨신구∨조문∨대비표∨1부.∨∨끝.

4 강사 위촉 및 출강 요청 공문 작성하기

수신 수신자 참조
(경유)
제목 공문서∨바로∨쓰기∨교육∨출강∨요청

1.∨귀∨기관의∨무궁한∨발전을∨기원합니다.

2.∨우리∨시∨직원들의∨직무∨능력∨향상을∨위한∨'공문서∨바로∨쓰기'∨교육에∨귀∨기관∨소속∨직원의∨출강을∨요청하오니∨협조해∨주시기∨바랍니다.
∨∨가.∨교육명:∨공문서∨바로∨쓰기
∨∨나.∨일시:∨2025.∨9.∨15.(월)∨14:00~17:00
∨∨다.∨장소:∨○○구청∨대회의실(○○시∨○○구∨○○로∨1101)
∨∨라.∨대상∨및∨인원:∨○○시∨6급∨이하∨공무원∨150여∨명
∨∨마.∨강사:∨○○○.∨∨끝.

5. 전담팀 위촉 및 회의 참석 요청 공문 작성하기

수신 수신자 참조
(경유)
제목 ○○ ∨분석 ∨전담팀 ∨회의 ∨개최 ∨및 ∨참석 ∨협조 ∨요청

1. ∨관련: ∨○○과-12345(2025. ∨7. ∨10.)

2. ∨2025회계연도 ∨○○ ∨분석 ∨전담팀 ∨제1차 ∨협의회를 ∨다음과 ∨같이 ∨개최하오니, ∨ 대상자가 ∨회의에 ∨참석할 ∨수 ∨있도록 ∨협조하여 ∨주시기 ∨바랍니다.
 ∨ ∨가. ∨일시: ∨2025. ∨9. ∨19.(금) ∨13:00~16:00
 ∨ ∨나. ∨장소: ∨101호 ∨회의실
 ∨ ∨다. ∨참석자 ∨명단: ∨붙임 ∨참고
 ∨ ∨라. ∨회의 ∨내용
 ∨ ∨ ∨ ∨1) ∨2025회계연도 ∨○○ ∨분석
 ∨ ∨ ∨ ∨2) ∨지적 ∨사항에 ∨따른 ∨개선 ∨방안 ∨협의

붙임 ∨ ∨1. ∨○○ ∨분석 ∨전담팀 ∨구성 ∨및 ∨운영 ∨계획 ∨1부.
          2. ∨회의 ∨자료 ∨1부. ∨ ∨끝.

6 회의 결과 안내 공문 작성하기

수신 수신자 참조
(경유)
제목 제3회∨○○○∨위원회∨회의∨결과∨안내

1.∨총무과-3060(2025.∨9.∨15.)호와 관련됩니다.

2.∨○○○∨위원회∨제3회∨회의 결과를∨다음과∨같이∨안내하오니∨각∨기관에서는∨업무∨담당자에게∨안내하여∨주시기∨바랍니다.

3.∨또한,∨해당∨부서에서는∨회의∨결과에∨따라∨관련∨업무가∨차질∨없이∨추진될∨수∨있도록∨적극적으로∨협조하여∨주시기∨바랍니다.

이∨공문은∨전∨기관에∨동시에∨발송합니다.

붙임∨∨제3회∨○○○∨위원회∨회의∨결과∨1부.∨∨끝.

7 참석자 명단 제출 공문 작성하기

<발송할 때>

수신 수신자 참조
(경유)
제목 2025년도∨○○∨업무∨담당자∨공동∨연수∨개최∨및∨참석자∨명단∨제출∨안내

1.∨관련:∨○○과-11020(2025.∨7.∨8.)

2.∨2025년∨○○∨업무∨담당자∨공동∨연수를∨다음과∨같이∨개최하오니,∨참석자∨
　　명단을∨기한∨내∨제출하여∨주시기∨바랍니다.
∨∨가.∨행사명:∨2025년도∨○○∨업무∨담당자∨공동∨연수
∨∨나.∨일시:∨2025.∨8.∨11.(월)∨10:00~15:30∨※∨09:50까지∨등록
∨∨다.∨장소:∨○○호텔∨대회의실
∨∨라.∨대상:∨○○∨업무∨담당자
∨∨마.∨제출∨방법

기관(학교)	제출∨기한	제출처
학교	2025.∨7.∨16.(수)	교육지원청∨○○과
교육지원청	2025.∨7.∨21.(월)	본청∨○○과

붙임∨∨1.∨2025년도∨○○∨업무∨담당자∨공동∨연수∨계획∨1부.
　　 2.∨참석자∨명단(작성∨서식)∨1부.∨∨끝.

<제출할 때>

수신 ○○교육지원청교육장(○○과장)

(경유)

제목 2025년도∨○○∨업무∨담당자∨공동∨연수∨참석자∨명단∨제출

1.∨관련:∨○○과-11030(2025.∨7.∨10.)

2.∨2025년도∨○○∨업무∨담당자∨공동∨연수∨참석자∨명단을∨붙임과∨같이∨제출합니다.

붙임∨∨참석자∨명단∨1부.∨∨끝.

<제출할 때(제목 표기 시)>

수신 ○○교육지원청교육장(○○과장)

(경유)

제목 2025년도∨○○∨업무∨담당자∨공동∨연수∨참석자∨명단∨제출

1.∨○○과-11030(2025.∨7.∨10.,∨"2025년도 ○○ 업무 담당자 공동 연수 개최 및 참석자 명단 제출 안내")호와∨관련됩니다.

2.∨2025년도∨○○∨업무∨담당자∨공동∨연수∨참석자∨명단을∨붙임과∨같이∨제출합니다.

붙임∨∨참석자∨명단∨1부.∨∨끝.

8 요구 자료 제출 공문 작성하기

<발송할 때>

수신 수신자 참조
(경유)
제목 [긴급]∨○○∨감사∨요구∨자료(○○∨현황)∨제출∨안내

1.∨관련:∨○○과-7073(2025.∨9.∨1.)
2.∨2025년∨○○∨감사∨요구∨자료를∨다음과∨같이∨안내하오니∨기한∨내∨제출해∨주시기∨바랍니다.
∨∨가.∨요구∨자료:∨최근∨3년간(2022. 9. 1.~2025. 8. 30.)∨○○∨현황
∨∨나.∨제출∨대상:∨전∨기관
∨∨다.∨제출∨기한:∨2025.∨9.∨5.(금)∨15:00

붙임∨∨최근∨3년간∨○○∨현황(작성∨서식)∨1부.∨∨끝.

<제출할 때>

수신 ○○○과장
(경유)
제목 ○○∨감사∨요구∨자료(○○∨현황)∨제출

1.∨관련:∨○○과-7080(2025.∨9.∨5.)
2.∨2025년∨○○∨감사∨요구∨자료(○○∨현황)를∨붙임과∨같이∨제출합니다.

붙임∨∨최근∨3년간∨○○∨현황∨1부.∨∨끝.

<해당 없을 때 1>

수신 ○○○과장
(경유)
제목 ○○ˇ감사ˇ요구ˇ자료(○○ˇ현황)ˇ제출

1.ˇ관련:ˇ○○과-7080(2025.ˇ9.ˇ5.)
2.ˇ우리ˇ기관은ˇ해당ˇ사항ˇ없음을ˇ제출합니다.ˇˇ끝.

<해당 없을 때 2>

수신 ○○○과장
(경유)
제목 ○○ˇ감사ˇ요구ˇ자료(○○ˇ현황)ˇ제출

○○과-7080(2025.ˇ9.ˇ5.)호와ˇ관련하여ˇ우리ˇ기관은ˇ해당ˇ사항ˇ없음을ˇ제출합니다.ˇˇ끝.

9 업무 분장 안내 공문 작성하기

수신 수신자 참조

(경유)

제목 2025.∨9.∨1.∨자∨○○과∨업무∨분장∨안내

2025.∨9.∨1.∨자∨인사∨발령에∨따른∨○○과∨업무∨분장을∨붙임과∨같이∨안내하오니∨업무에∨참고하시기∨바랍니다.

이∨공문은∨해당∨기관에∨게시∨공문으로∨안내합니다.

붙임∨∨○○∨업무∨분장표∨1부.∨∨끝.

10 설문 조사 협조 요청 공문 작성하기

수신 수신자 참조
(경유)
제목 ○○∨계획∨수립을∨위한∨설문조사∨협조∨요청

1.∨관련:∨○○과-4542(2025.∨6.∨24.)

2.∨○○∨계획∨수립을∨위한∨설문조사를∨다음과∨같이∨실시하오니,∨설문∨대상자가∨많이∨참여할∨수∨있도록∨적극적으로∨안내하여∨주시기∨바랍니다.
∨∨가.∨설문∨내용:∨○○∨설문조사
∨∨나.∨설문∨기간:∨2025.∨6.∨18.(수)~7.∨1.(화)
∨∨다.∨설문∨대상:∨국공립∨교원
∨∨라.∨참여∨방법:∨붙임∨참고

붙임∨∨○○∨설문조사∨참여∨방법∨안내∨1부.∨∨끝.

11 공모전 홍보 및 참여 협조 요청 공문 작성하기

수신 수신자 참조
(경유)
제목 제3회∨○○∨공모전∨홍보∨협조∨요청

1.∨귀∨기관의∨무궁한∨발전을∨기원합니다.

2.∨○○시에서는∨2025년∨제3회∨○○∨공모전을∨아래와∨같이∨개최하오니∨많은∨분들이∨응모할∨수∨있도록∨적극적으로∨홍보하여∨주시기∨바랍니다.
∨∨가.∨공모전명:∨제3회∨○○∨공모전
∨∨나.∨응모∨기간:∨2025.∨7.∨1.(화)~7.∨15.(화)
∨∨다.∨참가∨대상:∨학생,∨교원
∨∨라.∨제출∨서류:∨참가∨신청서,∨서약서,∨개인정보∨이용∨동의서
∨∨마.∨응모∨방법:∨담당자∨전자우편(ⅩⅩⅩⅩ@naver.com)으로∨서류∨제출
∨∨바.∨시상∨내용:∨최우수상∨1명,∨우수상∨2명,∨장려상∨3명
∨∨사.∨결과∨발표:∨2025.∨7.∨28.(월)∨10:00∨○○시∨누리집

붙임∨∨1.∨제3회∨○○∨공모전∨계획∨1부.
          2.∨홍보∨자료∨1부.∨∨끝.

12 공모전 기간 연장 안내 공문 작성하기

수신 수신자 참조

(경유)

제목 2025년∨○○∨공모전∨공모∨기간∨및∨결과∨발표∨연장∨안내

1.∨관련:∨○○과-5702(2025.∨7.∨1.)

2.∨2025년∨○○∨공모전∨공모∨기간을∨다음과∨같이∨연장하오니,∨응모∨대상자가∨많이∨참여할∨수∨있도록∨적극적으로∨홍보하여∨주시기∨바랍니다.

∨∨가.∨공모전명:∨○○∨공모전

∨∨나.∨변경∨내용

구분	기존	변경
응모∨기간	2025.∨7.∨15.(화)∨18:00	2025.∨7.∨29.(화)∨18:00
결과∨발표	2025.∨7.∨28.(월)∨10:00	2025.∨8.∨8.(금)∨10:00

∨∨끝.

13 행사 개최 안내 공문 작성하기

수신 수신자 참조
(경유)
제목 제17회∨○○∨행사∨안내∨및∨홍보∨협조∨요청

1.∨귀∨기관이∨무궁히∨발전하기를∨기원합니다.

2.∨우리∨부는∨○○∨활성화를∨위해∨전∨국민을∨대상으로∨제17회∨○○∨행사를∨ 다음과∨같이∨개최하오니∨적극적인∨홍보를∨부탁드립니다.
∨∨가.∨행사명:∨제17회∨○○∨행사
∨∨나.∨행사∨기간:∨2025.∨9.∨27.(토)~9.∨28.(일)
∨∨다.∨장소:∨○○시청∨대공연장
∨∨라.∨주최:∨○○부
∨∨마.∨주관:∨○○시
∨∨바.∨주요∨내용
∨∨∨∨1)∨○○○∨강연∨및∨○○∨공연
∨∨∨∨2)∨○○∨전시회∨운영∨등

붙임∨∨1.∨제17회∨○○∨행사∨계획∨1부.
     2.∨행사∨포스터∨1부.∨∨∨끝.

14 교육 동영상 배포 및 활용 안내 공문 작성하기

수신 수신자 참조

(경유)

제목 ○○⋁예방을⋁위한⋁동영상⋁자료⋁활용⋁안내

1.⋁관련:⋁○○과-7458(2025.⋁8.⋁19.)

2.⋁○○⋁종사자의⋁○○⋁예방을⋁위해⋁체조⋁동영상⋁자료를⋁제작하여⋁다음과⋁같이⋁배포하오니,⋁각⋁기관에서는⋁적극적으로⋁활용하여⋁주시기⋁바랍니다.
⋁⋁가.⋁동영상⋁종류:⋁예방⋁체조⋁4종,⋁마무리⋁체조⋁1종
⋁⋁나.⋁주요⋁내용
⋁⋁⋁⋁1)⋁준비⋁운동⋁1단계:⋁간단한⋁팔⋁동작
⋁⋁⋁⋁2)⋁준비⋁운동⋁2단계:⋁손목,⋁팔목,⋁어깨,⋁허리⋁등
⋁⋁다.⋁활용⋁시간:⋁작업⋁시작⋁전⋁10분
⋁⋁라.⋁동영상⋁게시⋁위치:⋁○○교육청⋁누리집-○○과-동영상⋁자료실.⋁⋁끝.

15 지침서 배부 안내 공문 작성하기

수신 수신자 참조

(경유)

제목 학교✓급식✓관계자✓식중독✓주의✓정보✓지침서✓배부✓안내

1.✓관련:✓○○처✓○○○과-1112(2025.✓8.✓1.)

2.✓○○처에서✓식중독✓예방을✓위한✓"식품✓안전✓지침서"를✓제작하여✓다음과✓같이✓배부하오니,✓업무에✓참고하시기✓바랍니다.
✓✓가.✓배부✓대상:✓초·중·고·특수학교
✓✓나.✓배부✓수량:✓학교당✓1부(붙임✓참고)
✓✓다.✓배부✓방법:✓우편✓발송
✓✓라.✓배부✓기간:✓2025.✓8.✓5.(화)~8.✓19.(화)
✓✓마.✓참고✓사항:✓식품✓안전✓지침서는✓'식품안전나라✓누리집-위해·예방-식중독✓정보-식중독✓예방✓홍보✓자료'에서✓확인할 수 있습니다.

> 이✓공문은✓해당✓기관에✓게시✓공문으로✓안내합니다.

붙임✓✓식품✓안전✓지침서✓배부처✓목록✓1부.✓✓끝.

16 연수 신청 안내 공문 작성하기

수신 수신자 참조
(경유)
제목 ○○∨연수∨과정∨및∨신청∨안내

1.∨관련:∨○○과-25445(2025.∨9.∨26.)

2.∨○○∨연수를∨다음과∨같이∨실시하오니∨대상자가∨신청할∨수∨있도록∨안내하여∨주시기∨바랍니다.
∨∨가.∨연수∨과정

과정명	대상	교육∨기간	교육∨시간	인원
칼퇴근을∨부르는∨엑셀	일반직	2025.∨10.∨15.(수)~10.∨17.(금) 09:30~16:30	3일(18시간)	50명
이제∨나도∨유튜브∨스타	교원	2025.∨10.∨22.(수)~10.∨24.(금) 09:30~16:30	3일(18시간)	80명
톡톡∨튀는∨영상∨편집자∨되기	일반직	2025.∨10.∨27.(월)~11.∨29.(수) 09:30~16:30	3일(18시간)	80명

∨∨나.∨신청∨기간:∨2025.∨9.∨29.(월)∨13:00~10.∨2.(목)∨18:00
∨∨다.∨신청∨방법:∨○○센터 누리집에서∨신청∨※∨[붙임∨2]∨참고
∨∨라.∨교육∨방법:∨집합∨교육
∨∨마.∨교육∨장소:∨○○센터 1층∨컴퓨터실

> 이∨공문은∨해당∨기관에∨게시∨공문으로∨안내합니다.

붙임∨∨1.∨○○∨연수∨계획∨1부.
　　　2.∨연수∨신청∨방법∨1부.∨∨끝.

17 연수 대상자 안내 공문 작성하기

수신 수신자 참조

(경유)

제목 2025년∨○○∨과정∨연수∨대상자∨알림

1.∨관련:∨○○과-25777(2025.∨7.∨11.)

2.∨2025년∨○○∨과정∨연수∨대상자를∨붙임과∨같이∨안내하오니,∨대상자가∨연수
  에∨참석할∨수∨있도록∨협조하여∨주시기∨바랍니다.
∨∨가.∨연수∨과정:∨2025년∨○○∨과정∨연수
∨∨나.∨연수∨대상:∨○○∨관계자∨100명
∨∨다.∨연수∨일정
∨∨∨∨1)∨1차:∨2025.∨7.∨23.(수)∨09:00~16:00
∨∨∨∨2)∨2차:∨2025.∨7.∨24.(목)∨09:00~16:00
∨∨라.∨연수∨대상자∨명단:∨붙임∨참고
∨∨마.∨연수∨장소:∨○○대학교∨대강당
∨∨바.∨행정∨사항
∨∨∨∨1)∨연수일∨08:50까지∨입실하시기∨바랍니다.
∨∨∨∨2)∨연수∨여비는∨개인∨계좌로∨입금∨예정입니다.

붙임∨∨1.∨2025년∨○○∨과정∨연수∨계획∨1부.
     2.∨2025년∨○○∨과정∨대상자∨명단∨1부.∨∨끝.

18 상시 학습 인정 시간 안내 공문 작성하기

수신 수신자 참조
(경유)
제목 2025년∨○○∨역량∨강화∨연수∨상시∨학습∨인정∨시간∨안내

1.∨관련:∨○○과-10497(2025.∨8.∨5.)

2.∨2025년∨○○∨역량∨강화∨연수∨참석에∨따른∨상시∨학습∨인정∨시간을∨다음과∨
  같이∨안내하오니∨해당∨기관에서는∨상시∨학습∨실적에∨등록될∨수∨있도록∨협
  조하여∨주시기∨바랍니다.
∨∨가.∨연수명:∨2025년∨○○∨역량∨강화∨연수
∨∨나.∨연수∨일시:∨2025.∨8.∨20.(수)∨14:00~16:00
∨∨다.∨연수∨장소:∨○○연수원∨인재관
∨∨라.∨연수∨형태:∨집합
∨∨마.∨학습∨유형:∨기관∨주관∨교육∨훈련-직장∨교육-직무,∨시책,∨소양
∨∨바.∨인정∨시간:∨2시간

붙임∨∨연수∨참석자∨등록부∨1부.∨∨끝.

19 점검 계획 안내 공문 작성하기

수신 수신자 참조

(경유)

제목 2025년ˇ○○○ˇ지급ˇ실태ˇ점검ˇ계획ˇ안내

1.ˇ관련:ˇ○○○과-3743(2025.ˇ5.ˇ19.)

2.ˇ2025년ˇ○○○ˇ지급ˇ실태ˇ점검ˇ계획을ˇ다음과ˇ같이ˇ안내하오니ˇ해당ˇ기관에서는ˇ적극적으로ˇ협조해ˇ주시기ˇ바랍니다.
ˇˇ가.ˇ점검ˇ기간:ˇ2025.ˇ7.ˇ1.(화)~7.ˇ29.(화)
ˇˇ나.ˇ점검ˇ대상ˇ및ˇ방법:ˇ붙임ˇ참고
ˇˇ다.ˇ중점ˇ점검ˇ사항
ˇˇˇˇ1)ˇ○○○ˇ행위
ˇˇˇˇ2)ˇ지급ˇ대상자ˇ해당ˇ여부
ˇˇˇˇ3)ˇ심사ˇ의결서ˇ작성ˇ여부

붙임ˇˇ2025년ˇ○○○ˇ지급ˇ실태ˇ점검ˇ계획ˇ1부.ˇˇ끝.

20 지출 품의서(물품 구입/간담회 개최) 작성하기

<물품 구입>

수신 내부결재
(경유)
제목 ○○과∨레이저∨프린터∨구입

○○과 레이저∨프린터를∨다음과∨같이∨구입하고자∨합니다.
1.∨목적:∨부서∨신설에∨따른∨프린터∨구입
2.∨품명:∨레이저∨프린터(Kyocera document solutionz P5021cdnG)
3.∨소요∨예산:∨금253,000원(금이십오만삼천원)
4.∨산출∨내용:∨253,000원 X 1대=253,000원

붙임∨∨1. 지출∨품의서∨1부.
      2. 견적서∨1부.∨∨끝.

<간담회 개최>

수신 내부결재

(경유)

제목 2025년 ○○ 계획 수립을 위한 간담회 개최

⋯⋯

1. 관련: ○○과-1234(2025. 9. 8.)

2. 2025년 ○○ 계획 수립을 위한 간담회를 다음과 같이 개최하고자 합니다.
　가. 일시: 2025. 9. 12.(금) 14:00
　나. 장소: 관내 식당
　다. 참석 인원: 총 7명(○○담당 및 업무 관계자 7명)
　라. 소요 예산: 금140,000원(금일십사만원)
　마. 산출 내용: 20,000원 X 7명=140,000원
　바. 지출 과목: 인사조직과-인사행정-후생복지-효율적인 ○○관리 추진-업무추진비-시책추진업무추진비(203-03)

붙임　지출 품의서 1부.　끝.

참고 사이트

국립국어원 온라인 가나다

'국립국어원 온라인 가나다' 게시판은 온라인으로 편리하게 어문규범, 어법, 표준국어대사전 내용 등을 질문할 수 있도록 국어 상담 서비스를 운영하고 있습니다. 게시판에 글을 남기면 최소 3일 이내에 답변을 받아볼 수 있습니다.

국립국어원(https://www.korean.go.kr)→오른쪽 퀵 메뉴[국어상담]→온라인 상담

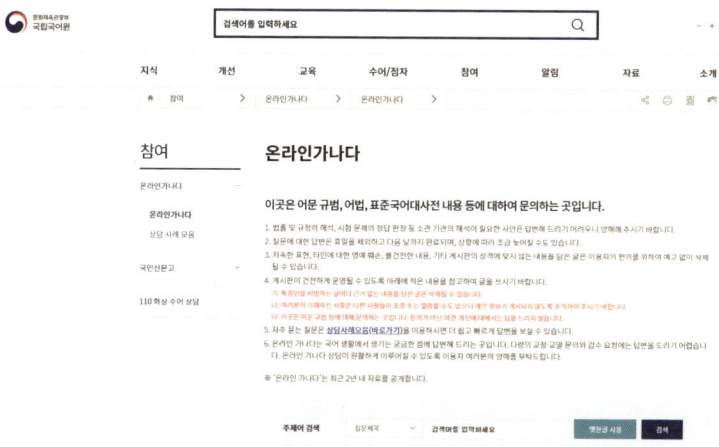

○ 카카오톡 우리말365

카카오톡에서 '우리말365'를 친구 추가하면 국립국어원에서 운영하는 우리말365를 이용할 수 있습니다. '우리말365'는 국립국어원 국어생활종합상담실로서 우리말에 관한 간단한 질문에 즉시 답변하고 있습니다. 상담 건수는 1인 하루 5회로 제한됩니다.

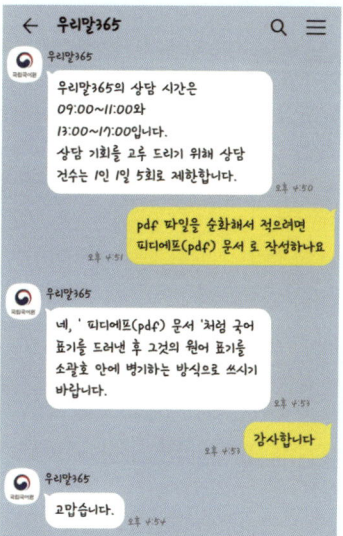

○ 국립국어원 표준국어대사전

공문서 작성법의 가장 마지막은 띄어쓰기입니다. '국립국어원 표준국어대사전'을 즐겨찾기 해놓고 활용하시기 바랍니다.
https://stdict.korean.go.kr

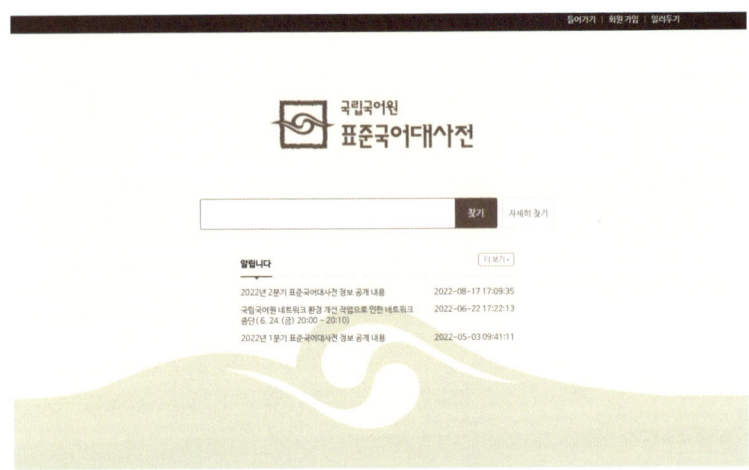

○ 국립국어원 다듬은 말

'국립국어원 다듬은 말'에서 현재 사용하는 단어가 다듬은 말인지 확인할 수 있습니다.
국립국어원(https://www.korean.go.kr)→오른쪽 퀵 메뉴[공공언어 개선]→다듬은 말

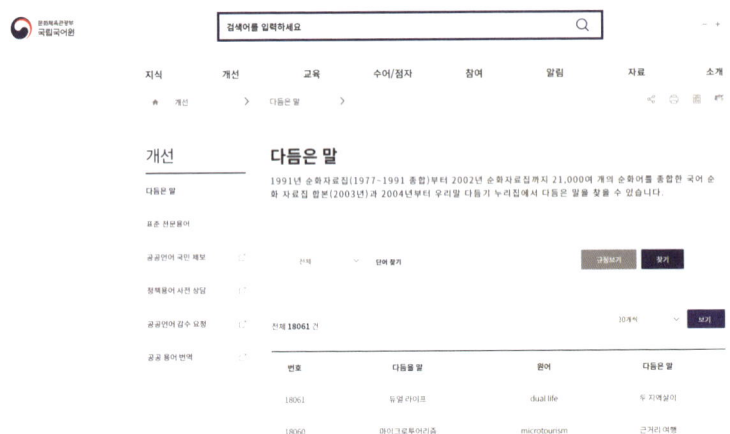

○ 한국어 어문규범

공문서 작성에서 사용하는 부호가 헷갈릴 때는 한국어 어문규범 누리집의 '한글맞춤법' 부록(문장부호)의 용례를 참고하시기 바랍니다. 국립국어원에서는 2014년 문장부호 규정을 개정하였습니다.

https://nara-speller.co.kr

○ 법제처(국가법령정보센터)

법령명은 법제처에 등재된 대로 정확하게 표기해야 합니다. 법제처 누리집에서 현행 법령을 검색할 수 있습니다.

https://www.moleg.go.kr

이 저작물은 행정안전부, 국립국어원, 지방자치인재개발원에서 2014년~2022년 작성하여 공공누리 제1유형, 제3유형으로 개방한 공공저작물을 이용하였습니다. 해당 저작물은 행정안전부, 국립국어원, 지방자치인재개발원에서 무료로 다운받을 수 있습니다.

"쉬운 공공언어 쓰기 길잡이"(1유형), 2014년, 문화체육관광부·국립국어원(https://korean.go.kr)
"문장부호 이렇게 바뀌었습니다"(1유형), 2014년, 국립국어원(https://korean.go.kr)
"2016년 한눈에 알아보는 공공언어 바로 쓰기"(1유형), 2016년, 국립국어원(https://korean.go.kr)
"행정업무운영 편람"(1유형), 2020년, 행정안전부(https://mois.go.kr)
"행정업무운영실무"(3유형), 2022년, 지방자치인재개발원(https://logodi.go.kr)

또한 행정안전부와 국립국어원, 법제처에 직접 질의하거나 관련 질문과 답변을 참고하여 작성하였습니다.

티처빌 연수원 10차시
교원 직무 연수 과정으로
연수비와 교재 구입비를
100% 환급받으실 수 있습니다.

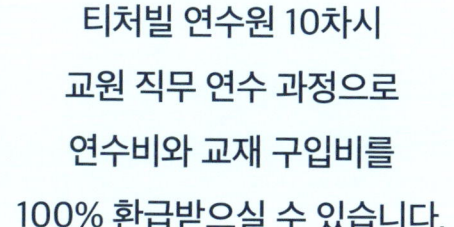

교사가 꼭 알아야 할
무조건 통과하는
공문서 작성법

티처빌 연수원(http://www.teacherville.co.kr)
검색창에 "공문서 작성법"을 검색하세요.

한 장으로 끝내는
공문서 작성법

초판 1쇄 발행 2025년 9월 12일
초판 2쇄 발행 2025년 11월 4일

지은이 이무하
펴낸이 이범상
펴낸곳 (주)비전비엔피 · 비전코리아

책임편집 차재호
기획편집 김승희 김혜경 한윤지 박성아 단홍빈
디자인 김혜림 이민선 인주영
마케팅 이성호 이병준 문세희 이유빈
전자책 김희정 안상희 김낙기
관리 이다정
인쇄 새한문화사

주소 우)04034 서울시 마포구 잔다리로7길 12 (서교동)
전화 02)338-2411 | **팩스** 02)338-2413
홈페이지 www.visionbp.co.kr
인스타그램 www.instagram.com/visionbnp
이메일 visioncorea@naver.com
원고투고 editor@visionbp.co.kr

등록번호 제313-2005-224호
ISBN 978-89-6322-229-5 13320

· 값은 뒤표지에 있습니다.
· 잘못된 책은 구입하신 서점에서 바꿔드립니다.